JN000040

「AI思考」は武器になる

谷岡悟一
GOICHI TANIOKA

和久利智丈
TOMOTAKE WAKURI

平岩宗
SHU HIRAIWA

上田智之
TOMOYUKI UEDA

CROSSMEDIA PUBLISHING

「AI思考」は武器になる　目次

Chapter 1
AI思考とは

1 脳のレバレッジ化 ………………………………… 008
本書で取り扱う「AI」とは ………………………… 008
AIの現状・将来とAI思考に至るまでの経緯 ……… 008
AI思考とは何か —従来の思考方法との違い ……… 017
AI思考を一言でいうと ……………………………… 036
AI思考が長期的に目指すもの ……………………… 037
ではAIとは何か ……………………………………… 039

Chapter **2**

AIの基礎知識

1 AIの歴史 ································· 042
AIの歴史と基本概念 ························· 042

2 AIの主要用語 ························· 046
主要なAIの技術と種類 ····················· 046
生成AIとは ······························· 056

3 AI活用の注意点 ····················· 070
ビジネスとAI ····························· 070
利用時の注意点（ビジネスの可能性とリスク）······ 073
AIの得意分野・不得意分野 ················· 077
AIの展望（ビジネスに与える影響）············ 080
AIとの付き合い方 ························· 090

4 世界のAI事情 ························· 093
国際動向 ································· 093
生成AIの先にあるもの ····················· 104

Chapter **3**

AI を組織・個人へ
実装する

1 企業のAI利用状況 **112**

2 AI導入に向けて **117**
【組織編】AI ≒ DX のワナ 117
AI実装の目的・成果を設定する 119
AI推進の組織を構築する 123
組織内のAI資産の分析・評価を行う 128
使うべきAIを設定する 134

3 AI導入のチェックポイント **150**
既存の業務のAI置き換えを実行していく 150
実装の進捗をチェックする 154

4 AIの個人活用について **159**
個人編 159
仕事効率化へのAI活用方法 160
タスク管理と自動化 160
自然言語処理によるコミュニケーション改善 162
スキルアップと学習支援にAIを活かす 167
カスタマイズされた学習経験 167
AIによる教育とトレーニング 168
健康管理にAIを導入する 169

Chapter 4
AI活用と企業事例

1 企業のAI事例 ································ **172**
AIの社会実装の推進 ······························ 172
企業のAI活用実績 ································· 174
組織のAI活用事例 ································· 178

2 AI思考による企業分析 ················ **209**
企業の生成AIの導入事例からわかること ········· 209

Chapter 5
ノースサンドにおける実践

1 NotionとAI ····························· **218**
Notion AIとは ·································· 219
ノースサンドのNotion AI ························ 227
Notion AIの活用事例 ···························· 239

2 Notion × AI思考 ································ 243
ノースサンドが提供するNotionサービス ············· 249
「AI思考」と行動指針「8 Rules」 ···················· 253

まとめ ·· 258

謝辞 ·· 264

参考文献・引用元 ································ 268

装丁：城　匡史
中面デザイン・DTP：荒　好見
校正：加藤義廣

AI思考とは

Chapter **1**

1 | 脳のレバレッジ化

本書で取り扱う「AI」とは

　本書に書かれている情報の一つひとつは、「これなら知っている、聞いたことがある、もっと詳しい情報がある」というものがあると思います。

　人間の歴史は、既知の情報・アイデアを組み合わせ、削り、変更しながら、新しいものを作り上げてきています。

　本書も、同様のアプローチを経て、既知の情報から新しい一冊を作り上げており、この一冊が何か一つでも読者の皆様にとって役に立つことができれば幸いです。

　なお、本書で多く扱う生成AIはAIの一種です。

　できる限り正しく書き分けますが、「このAIは、一般的なAIなのか、生成AIなのか」と感じられる場合は多くの方にとって身近な「生成AI」をイメージしてください。

AIの現状・将来とAI思考に至るまでの経緯

　2022年の後半から徐々に利用者が増え、注目を浴び始めていた生成AI(Artificial Intelligence)は、2023年に入って大きく華が開いたと言えます。

　ほんの一年前は「ChatGPT[1]？　ナニソレ？　美味しいの？　聞いたことない」という人が大半でしたが、今ではChatGPT、

MicrosoftのBing[2]、Google Bard[3]、Notion AI[4]などさまざまな
サービスがリリースされ、知らない人はいないと言っても過言
ではない状況になっています。

　これらのサービスは生成AI（Generative AI）と呼ばれ、人
間が日常生活の中で普通に使っている自然言語による指示文
（プロンプト）を用いていることが大きな特徴です。どのよう
なものを生成したいかについて、自然言語で指示や条件を与え
ることができます。また画像やWebページなど言語以外を併
用した入力や、言語のほか画像・映像・音声・動作などでのマ
ルチモードの応答も可能になりつつあります。

　まるで人間のような自然な対話ができ、プロのアーティスト
が描いたような画像を生成できるなど、さまざまな専門家の知
識・能力を備えているかのような応答を返すことが、社会へ大
きな驚きを与えています。

　AI関連のニュースはインターネット、新聞やTV等の各種
メディアで見ない日がない状態になっています。2023年7月の
『日本経済新聞』では、画像・文章生成・音声などの生成AIの
スタートアップに50分野335社が参入したことが報じられまし
た[5]。身近なサービスとしても、AIで英語を勉強したり、AI
の画像認識によって食事の栄養をチェックしたり、仕事では
AIに文章やプログラムを書いてもらったりと、私たちの生活
を変えるようになってきています。

　私個人の経験から言えば、お酒を飲みに行った後、ラーメ
ンやアイスクリームを食べるのが大好きですが、「あすけん[6]」
というAIの栄養アプリを使い始めて以来「カロリーや塩分が

一日の許容量を確実に超える」ということが数値でわかるようになり、おかげさまで体形はすっきりしました（飲み会後の一時って考えると、数値は見ない方が幸せだったかもしれません）。

　今回の生成AIの特徴は、新しい技術が導入されたことによる「予測精度の劇的な向上」、「対話型のユーザーインターフェイスの実現」と「（AIの支配を防ぐ観点から）人間にとって望ましい方向にAIを制御するAIアライメント」です。

　技術的な詳細はChapter 2に記載しますが、予測精度の向上は2020年頃にはすでに研究者の間では大きな話題になっていました。2022年11月末に登場したChatGPTが一般ユーザーにも爆発的に利用が広がった大きな理由は、自然言語での対話（チャット）という、わかりやすく使いやすいインターフェイスが採用されたこと、また人間の意図・価値観に合わせて AIを振る舞わせる仕組み（AI アライメント）が取り組まれたことです。

　対話型AIの有名な事件としては2016年3月23日に、MicrosoftのAIである Tay が Twitter（現X）上で公開されましたが、悪意を持ったユーザーとの対話によって、あっという間に差別主義的思想に染まってしまい、開始後 16 時間で強制終了となったことがありました。

　このような問題を回避し、対話型生成 AI がより適切に応答

できるようにするための対策が取られてきました。生成AIは、与えられた入力の続きを確率モデルに基づいて予測することで応答を生成するものでありながらも、まるで専門家のような応答を返してくれたり、各個人の能力ではとても処理できないような量・速度でタスクをこなしてくれたりします。さらに、自然言語で指示や説明ができるため、人にタスクを依頼するのに近い感覚で、対話型生成AIを利用することができることも大きな特徴です。

　また、2023年の前半には、生成AIがすべての文章を書いたAIの本が出版されるといったおもしろいこともありました。書店を覗けば、ChatGPTを含む生成AIの使い方に関する本も山のように出ています。日本ディープラーニング協会（JDLA）[7]が実施しているジェネラリスト検定（通称、G検定）は、「ディープラーニングの分野を中心として、AIを事業活用するための知識を問う」ものですが、2017年の受験者は1,448人であったのに対し、2022年には20,661人とわずか5年で14倍が受験する人気資格となっています。

　生成AIを使用したアプリケーションのカタログを掲載するサイトもあり、2023年10月15日時点では950を超えるアプリケーションが登録されていることからも、今回の生成AIに対する人気をうかがい知ることができます[8,9]。ChatGPTのGPT-4の精度・性能の高さは、米国司法試験の上位10%に入るレベル、米国医師資格試験でも合格できるレベル、米国名門大

学のMBA（経営学修士）に合格できるレベルといった評価が示されています。また、画像生成AIで生成した画像をもとにした作品が、絵画コンテストや写真コンテストで優勝するという事例もあります。

　これ以外にもさまざまな分野で応用が考えられます。応用分野の例には、チャットボット、バーチャルアシスタント、医療診断、法的支援、創薬支援、科学的仮説生成、コンテンツ作成、ゲーミング、文章作成支援、プログラミングとデバッグ、言語翻訳、ニュース要約、（第三者のコンテンツを収集し独自の視点を加える）コンテンツキュレーション、マーケティング、感情分析、ソーシャルメディア分析、カスタマーサービス、教育支援、メンタルヘルス、人材マネジメント、ファイナンシャルプランニングなど多数あります。

　また今後ですが、市場調査とコンサルティングを得意とするITR社が2021年に発表したAI市場規模の推移と予測によると、AI主要8市場は2019年時点で約400億円、2025年には1,200億円と約3倍に達することが見込まれます。

　これらの人気や予測を踏まえると今からAIのない世界に逆戻りする、ということは現実的にないと考えられます。この背景はさまざまに考えられますが、一つにはIT化・IoT化社会の進展により、多量のデータが蓄積され、人間だけでデータを適切に処理するのが困難になってきていることがあげられます。

内閣府は、狩猟社会（Society 1.0）、農耕社会（Society 2.0）、工業社会（Society 3.0）、情報社会（Society 4.0）に続く社会として、「Society 5.0」を提唱しています。Society 5.0は、サイバー空間（仮想空間）とフィジカル空間（現実空間）を融合させたシステムで実現を目指す人間中心の社会です。フィジカル空間からIoTのセンサーによる膨大な情報がサイバー空間に蓄積され、AIによって解析し、ロボットなどを通じて人間にフィードバックされることで新たな価値が創出されます。

　Society 5.0を提唱した第5期科学技術基本計画では、先を見通し戦略的に手を打っていく力（先見性と戦略性）と、どのような変化にも的確に対応していく力（多様性と柔軟性）を重視することが基本方針となっています。Society 5.0や上記の方針を実現していく上で、AIは根幹をなす技術と考えられます。

　話が大きくなったので、身近な事例を取り上げます。私には小学生の子どもが2人いますが、彼らは漢字や知らない文章・地名や歴史等について何か調べる必要が出てきた際は、大人が「なんだっけ、あれ」と唸っている間に、学校から貸与されているiPadの音声入力を使ってさっさと調べてしまいます。そんな子ども達と一緒にいると、これからはAIを当たり前のように使いこなす時代がすぐに来るなと感じます。「AIでできること・できないこと」を成長の過程で体験してくる若い世代と、「AIでは、まだこんなことできないだろ」と考える大人世代には差がでることが想定されます。若い世代に追い越されないようにするには、積極的にAIを利用し、どんどん自分をアップ

デートしていくことが重要です。

　AIについて不可逆的な変化の渦中にいる私たちに求められるのは、「AIへの適応」であり、もっと言えば「AIがある前提で自分たちのパフォーマンスをどう向上させるか」という考え方です。

　AIへ適応する上で把握しておくべきことは「AIが将来どのように発展していくか」ということです。今の生成AIの品質でも、個人的には仕事を進める上で十分なサポートになっていると感じています。弊社内のNotion AIの第一人者で、執行役員でもある近藤 容司郎は「現状は『AI＝無茶ができる新卒』。資料作成はできるが、何が正しいかはこちらで判断する必要がある」と評価しており、とても的を射た表現だと感じています。

　では、ここから先のAIはどうなっていくでしょうか？　世界的ベンチャーキャピタルのセコイアが2022年9月に公開したレポートでは、「2025年の生成AIの文章力は平均的な人間を上回り、2030年にはプロを上回る」点が言及されています。

　文章に限らず、プログラミングも、画像作成も、動画／3D／ゲームも2030年にはAIが人間のプロを上回る世界が訪れることが報告されています。「そんな世界で、人間はいったい何をするんだろうか」という気にさえなります。

　またAIの将来予測については、人間の脳と同レベルのAIが誕生し、その後は加速度的に進化する「シンギュラリティ」が2045年に到来するという話が以前からあります。シンギュ

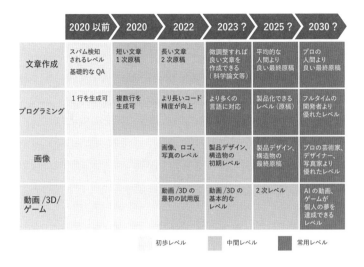

図 1-1　各分野における AI の進化レベル

ラリティについては、そもそも人間の脳力を何で評価するの
か、単純な計算力や記憶力ではすでにAIが人間を上回ってい
る、という論点もあります。2023〜2024年時点のビジネスや
生活において実務的な話からは離れますので、このChapter
では多くを触れませんが、AIが近い将来に人間のパフォーマ
ンスを超えるという可能性はあると考えられます。

　足元では2023年9月に『日本経済新聞』が、「アメリカでは
2023年1月〜8月の間に、約4,000人がAIの活用を理由にした
AI失業となった」ことを報じました。AI失業は、テック企業
のAIで代替しやすい反復業務の部門が中心で、経理や人事な
どの企業内でのバックオフィス業務に関わる人たちが対象に

なったとのことです（同報道では、高度なスキルが必要な「知識労働」の雇用は増えることも言及されています）。

　この流れを受け、「将来においてAIの方が人間より優秀になるのであれば、すべての検討や判断をAIに任せたほうが人間は幸せになれるのでは？　人間は生産活動から手を引いて良いのでは？」と問われると、多くの人にとってその答えは「No」だと考えます。

　何が幸せかは個人によって感じ方が異なりますが、人間は社会的な存在であり、活動して誰かに貢献することで幸せを感じる人は多いでしょう。

　また人間の強みはあらゆる環境へ適応できることです。自動車・電気・コンピューターなどさまざまな発明・進化に合わせて、新しい仕事を作り出すことができるのが人間です。AIの進化にあわせて、AIから欲しい回答を得るための技術（プロンプトエンジニアリング）のような仕事を新しく作り出すことは可能です。いくらAIが優秀になるとはいえ、AIに未来のすべてを委ねる選択をする人は少ないと考えます。

　では、私たちはどのように適応すれば良いでしょうか？

　その答えを模索し、社内の有識者でディスカッションした結果が、この「AI思考」です。

　この本では、AI思考とは何かを述べた後、AIそのものについて、またAI思考を実践する方法、AIの活用事例、最後に弊社内での実践事例をご紹介します。

　現在のAI技術は必ずしも十分に応えられない面があり、AI

技術の応用が社会に広がりつつある中で顕在化してきた問題点として、AIのブラックボックス問題、バイアス問題、脆弱性問題、品質保証問題、フェイク問題などが起きています。これらの問題はいずれも、AI技術の社会実装・産業応用において、非常に深刻な問題です。この状況を鑑みて本書ではAIを活用する上で必要な考え方、思考について考えていきます。

AI思考とは何か —— 従来の思考方法との違い

　人間の思考方法にはさまざまなものがありますが、代表的なものでは、経験や洞察に基づく"直感的思考"、事実や論理に基づき筋道立てて考える"論理的思考"、新しいアイデアを生み出す"創造的思考"があげられます。

　これら従来の思考方法にAIという人工の脳を加えることで、AI思考が可能となります。

　では、具体的には、どうすれば良いでしょうか。

　AIと人間を一つのチームとして捉え、「AI＝（現段階では）新卒の社会人」をヒントとして考えれば、新卒の社会人にはできること＝長所でパフォーマンスを発揮してもらうとして、できないこと＝短所を補いましょう。

・AIの長所である「多量のデータの蓄積と処理」、「（単純作業に対する）正確性・効率性」、「疲労しないため長時間稼働が可能」は活かします。
・AIの短所である「新しいアイデアを生み出す創造性」、「人と

人の信頼関係を築くコミュニケーション」、「相手を思いやる
共感力」をサポートします。

　またこれに人間側を軸として、高いパフォーマンスを発揮す
る上で必要となる能力・知識を掛け合わせた結果として、AI
思考は次の5つの要素によって構成されます。

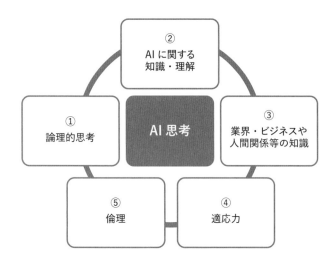

図1-2　AI思考の5要素

① 論理的思考

　AIがない状態でも、問題解決やより正確な意思決定を行う
ためには論理的思考力が必要です。

　今後AIの活用がより一層増えるのであれば、論理的思考は

AIに委ねても良さそうに考えられますが、AIの力を適切に発揮させるには人間側にも論理的思考が必要です。

　試しに生成AIに「20代でビジネスパーソンが身に着けておくスキルとは何か」といった問いを投げかけると、「自分の分野の専門スキル、ポータブルスキルと呼ばれる汎用スキル、コミュニケーション能力やリーダーシップなどのビジネススキル」といった一見至極もっともらしい回答が得られます。

　これは生成AIが多量の（おそらくはインターネット上の）データを解析し、集約し、文章化しているからだと考えられます。しかし、この答えは本当に欲しい答えでしょうか？　AIの回答を基に行動へ移そうとすると、「あれ、これ、あらゆるスキルを磨いておけ」という回答になっている、ということに気づきます。これでは、問いかけた人は具体的に何を学んで良いかわからなくなります。

　どのようにすれば良いでしょうか？　そのためには、改めて論理的思考を紐解く必要があります。

　論理的で、筋道が立ち、納得感がある状態にするためには、演繹法でも帰納法でも「主張」「データ」「理由付け」の3要素が必要となります。

　BingやPerplexity[10]のようなAIへ問いかけると、「どこのサイトのデータを元に、こういう理由で、こういう回答（主張）が得られたよ」と返してくれるので、非常に論理的な文章に見えます。

　しかしその真偽は、人間側が論理的思考を使って、「サイトや資料は信用ができるか、データと理由の紐づけは妥当か、ま

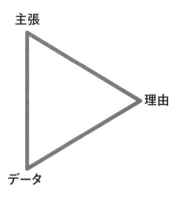

図 1-3　ロジックの三角形

た主張や理由にモレ・ダブりはないか」と批判的に考え、検証する必要があります。また回答がどうもしっくり来ない時には、「そもそもの論理の前提や背景は妥当か、目的に見合った問いかけができているか」といった論理の3要素の周囲を考える必要があります。

　そうすると、先ほどのAIに対する問いかけは、次のように変わります。

　AIへの問い：私は、今20代で金融業界のアプリケーションエンジニアとして5年間働いている。（背景・前提の追加）あと

3年以内にアプリケーションを得意とするITコンサルタントに転職したい。今から磨いておくべきスキルは何か（目的・目標の追加）。

　AIからの回答：ITコンサルタントには顧客のビジネス課題を解決するため、論理的思考力やコミュニケーション能力などのビジネススキル、ITコンサルタントに求められるプログラミング・DB（データベース）・セキュリティなどのITスキル、ITコンサルタントはさまざまな業界を担当するため製造業・流通業等の業界知識、また英語が必要な場面が多いため英語力を磨いておきましょう。

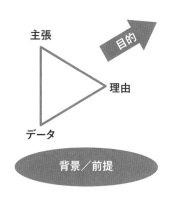

図1-4　ロジックの三角形＋背景・目的

いかがでしょうか。より具体的な回答が得られたので、今後は本人の課題意識に基づいて行動計画が立てられると思います。

② AIに関する知識・理解

AI思考については、当然のことながらAIを実践で使いこなすための知識や体験に基づく理解が必要となります。

今のAIのトレンドは何か、今のAIの得意なこと、不得意なことを把握した上で、「ここは自分がやるか、一緒に働いている人に任せる」、「ここはAIで処理する」というデザインをどれだけ組み立てられるかによって、今後の各自のパフォーマンスが変わってきます。

たとえば、「提案書作成」という業務では、右記が考えられます。

業務の中に、さまざまなAIを組み入れることで、短期間で品質の高いアウトプットを出すことが可能となります。右記は例として示しましたが、AIの今後の発展によって利用するAIツールが変わったり、いくつかのAIツールが統合されたり、業務そのものが簡略化や自動化される可能性もあります。今後のビジネスパーソンには業務に応じたAIツールの目利きができることが求められます。

なお、慣れないうちは、AIはお掃除ロボットと同じで、AI

No	ステップ	実施	ポイント
1	提案依頼書 （RFP、Request For Proposal） の受領・確認	人	RFP を受領できるのは、それまでの取引や電話営業によりチャンスを獲得できたためなので、ここは人が担当します。 また RFP の内容を確認し、次のアクションを決めるのは人になります。
2	提案のゴールに 対する仮説作成 ・概算の スケジュール作成	人 /AI	自社で受注するには、提案のサービス内容を充実させるべきか、（サービス内容は他社も同じになりそうなので）サービスを提供する人で差別化すべきか、金額勝負するかといった、仮説を人の頭で作成します。 勝ち筋が見えない場合、上記の論理的思考を踏まえて、状況やどんな提案をするのが良いかを AI に問い合わせるとアイデアが得られることがあります。 またこの段階で、どんなスケジュールで調査・提案書作成・提案を実施するか、誰を巻き込むかを決めます。
3	RFP に関する 不明点の調査	人 /AI	上記の仮説に基づき、抑えるべき不明点について調査します。 （不明点のすべてを調査していると時間が不足する事が多いため）一般的には検索エンジンを使い、それでも十分な情報が得られない場合は有識者へのヒアリングをします。Bing や Perplexity のような AI を使うと、データ参照元のサイト URL が表示されるため、サイトを確認することでより適切な情報や、見落としていた観点に気づける場合があります。 ※ 2023/9 時点では、ChatGPT や Bard にはデータ参照元のサイト URL が表示されません。どの AI を使えば、どういった情報が得られるかを把握しておくことは重要です。
4	提案資料の アイデア出しと 骨子作成	AI /人	① 提案テーマに沿って、提案書に書くべき一般的な事柄は何か、情報源は何があるかについて AI で調査します。 ② 顧客が何を求めているか、どうあるべきか、また自社の紹介や自社の強みなど一般的には落ちていない情報について、仮説を立て、提案の骨組みを作ります。 ③ ①と②を整理したものを、社内の有識者とディスカッションします。 → 提案のテーマについての知見が少ない場合、「どんな提案書を書くのが良いか分からない」状態になり、ステップ①から有識者にヒアリングするケースがあります。有識者は忙しいことが多く、ステップ①から時間が必要になっていたのが実情だと考えます。AI に①、場合によっては②の壁打ちを任せることで、提案書作成全体のスピードを上げられます。
5	提案資料作成 に向けた分担	人	提案書をチームで作成する場合は、担当するページや役割を分担します。
6	提案資料の 本文作成 ・図示化	AI /人	① No.4 のアイデア出しと骨子作成に基づいて、各ページで伝えたい事、載せるべき情報を人がざっと整理します。 ② その後、AI でドラフトを作成することで、イメージを作りやすくなります。文章は、ChatGPT や Notion AI 等の生成 AI にて。図は、Beautiful.ai（https://www.beautiful.ai/）や、Elucile（https://elucile-lubis.com/login）を使うと、新しいイメージがひらめく場合があります。2023 年 11 月に一般的にも利用開始となる Microsoft の Copilot を使うと、文章／図が一つのプラットフォーム上で生成できることが期待できます。（2023 年 10 月段階では、ChatGPT Code Interpreter を使うと同様の事ができます） ③ AI のドラフトに対して、人間の手で提案固有の情報を加筆／修正します。 ④ ③の後は、誤字脱字や文章の校正を AI で実施。ただし、固有情報が漏洩するとセキュリティ事故につながるリスクがある点には注意が必要です。

図 1-5　提案書作成時のステップ

利用時には準備と後片付が面倒だと感じると思います。AIに適切な回答を出してもらうプロンプトを考えることや、答えが正しいかどうかを検証することはなかなかの手間です。実際、私も億劫さを感じ、AIをあまり使わなくなってしまった経験があります。この段階を乗り越えるには、AI利用を習慣化する必要があります。

　習慣化のテクニックとしてよく使われるのは、「2分間ルール」です。『ATOMIC HABITS[11]』（日本語タイトル『複利で伸びる1つの習慣[12]』）という書籍で紹介された方法ですが、習慣化で失敗しがちなことはハードルの高い習慣をいきなり身に着けようとすることです。習慣化するために1日2分間という短時間で良いのでAIに触れることが有効です。慣れてくれば徐々に時間を伸ばしていってください。AI利用に慣れれば、複雑で処理すべき量が多い業務に対しても、AIを使いこなして短期間で成果を出せるようになります。

　なお、Chapter 2にAIの基礎を記載しているため、これ以上の詳細な情報はChapter 2をご覧ください。
　Chapter 1のAIに関する知識の最後としては、今後も変化していくAIにキャッチアップするためのいくつかの情報源をご紹介しておきます。

No	情報源	代表的な資料名	説明	URL
1	内閣府	AI戦略会議（イノベーション政策強化推進のための有識者会議）	政府のAI戦略に関する情報が集約されています。	https://www8.cao.go.jp/cstp/ai/index.html
2	総務省	情報通信白書（他、AI利活用ガイドライン）	AIを含むICTサービス・技術の進化や国際情勢の変化、歴史を踏まえ、ICT市場の現状と課題、総務省のICT政策の取り組みについて記載されています。（毎年更新）	https://www.soumu.go.jp/johotsusintokei/whitepaper/
3	経済産業省	AI導入ガイドブック（他、AI原則実践のためのガバナンス・ガイドライン）	中小企業がAIを導入する際に必要となる体制整備や準備・実証手法等について記載されています。	https://www.meti.go.jp/policy/it_policy/jinzai/AIutilization.html
4	スタンフォード大学	AI Index Report	最新のAIの調査データ（生成AI含む）、パフォーマンス、AIに関する倫理、経済や教育への影響等が記載されています。	https://aiindex.stanford.edu/
5	人工知能学会	AIマップ	AI研究の進展に伴い研究テーマが拡大しているため、俯瞰するためのマップが提供されています。	https://www.ai-gakkai.or.jp/aimap/
6	日本ディープラーニング協会	生成AIの利用ガイドライン	資料は薄いのですが、注目のChatGPTの利用ガイドラインを定めるためのひな形が提供されています。	https://www.jdla.org/document/#ai-guideline

No	情報源	代表的な資料名	説明	URL
7	日本情報システム・ユーザー協会	AI研究会 成果物	2022年AIプロジェクトを円滑に企画・推進・運用していくために必要なロール、スキルセット、教育手段に関する報告が記載されています。	https://juas.or.jp/library/member_rpt/mr2022/
8	東京大学 松尾研究室	ホームページ	日本のAIの第一人者の一人である松尾氏のサイト	https://weblab.t.u-tokyo.ac.jp/
9	定番サイト JAPAN	AIニュースサイト	AI Nowや日経新聞のAIサイトなど、定番の約15サイトが紹介されています。毎日チェックすれば、AI通になれます。	https://teibansite.jp/ai-news/

③ 業界・ビジネスや人間関係等の知識

　AIが普及していく将来において、何が正しいか、オリジナルのデータは何かを把握し、作り上げていけることが非常に重要になってきます。将来において人間 + AIがタッグを組んだ状況での差別化要因の一つがデータと考えられるからです。

　AIによって多量の情報が瞬時に得られる一方で、ビジネスパーソンにとって、少なくとも自分の得意領域については「このデータが本物かどうか」をかぎ分ける嗅覚は必要になります。

　私は、前著の『ストーリーでつかむ! プロジェクトマネジメントの原則』(2022年9月出版)[13] にてプロジェクトマネジメントに関して執筆しており、プロジェクトマネジメントについては10年以上の実践と教育をしてきたバックグラウンドが

あります。おかげさまで、プロジェクトマネジメント関連の仕事でAIを使っている際は、AIから生成されたデータが「これは（プロジェクトマネジメントのデファクトスタンダードである）PMBOK® Guide 6版以前のデータ」、「これはPMBOK® Guide 7版のデータ」、「これはPMBOK® Guide 6版以前と7版が混在したデータ」、「これはPMBOK® Guide 以外からのデータ」という4種類くらいは見分けられます。その上で、調査・検討しているテーマに対してAIのデータが有効かどうかを判断し、資料作成に活用しています。

　なお、AIが生成するデータについては、おもしろいレポートがあります。

　2023年5月27日にオックスフォード大学のIlia Shumailov、ケンブリッジ大学のZakhar Shumaylov等が発表した「再生の呪縛：生成されたデータでのトレーニングはモデルを忘却させる（The Curse of Recursion: Training on Generated Data Makes Models Forget）」というレポートによると、ChatGPTやStable Diffusion など生成AIによって出力されたデータに対して、さらに生成AIが入力し、出力するというサイクルを繰り返していくと、何が正しいかわからなくなり、過度に単純化され、現実とズレが発生します。このズレが、最終的にはモデルの崩壊につながる危険性があるというものです。

　この原因としては、AIは何度も繰り返される文章を入力・学習するため、出力も似たような文章を繰り返す傾向が高くなることがあげられます。生成AIのモデル崩壊を防ぐには、人

間が作成した情報を正しくインプットすることが必要です。

　このレポートは多くの示唆を含んでいます。

・自社で生成AIのシステムを作り上げ、「自社独自のシステ
ム・データだから」と安心し、自社AIのデータの再投入を繰り
返すと、そのAIシステムは長期的には使えなくなるリスクが
考えられます。

　→ AIの利活用を進める上では、AIに投入するデータは人間
　が作成したものというルールは作っておいた方が良いでしょ
　う。またAIが関与していないオリジナルデータはバック
　アップを作っておくべきという観点は持っておいた方が良い
　です。

・AIが生成するデータは、多数のデータから標準的なもの・
一般的なものを返してきます。

　→ ChatGPT、Google Bard、Notion AI等に同じ質問をしたこと
　がある方は感じられているかと思いますが、2023年9月現
　在、だいたい同じ答えが返ってきます。この本のために、優
　位性のあるAIを探そうと試してみましたが、「これがすご
　い」というのは正直見つけられませんでした（ただし、Bing/
　Perplexityは参照元のURLが返ってきますし、Notion AIはNo
　tion上にそのまま文章が残るので、生産性は上げやすいと感
　じています。MetaのLlama2 Chatbot[14]は、まだ日本語対応に
　時間がかかりそうで、英語で回答が返ってくることがありま
　す。Llama2を参考に、グローバルのAIツールは、日本語の

データを学んでいるか、という観点でのチェックは必要です）。

→ ビジネスでは標準解／一般解が欲しい時もあれば、競合との差別化のため、何らかの特別な解が欲しい時があります。この特別な解を、AIが作り出すというのが難しいという点は、我々人間一人一人の価値になり得ます。

・AIで生成したデータが、想定していた結果に対して、「あまりにも教科書的過ぎる、一般的な情報しか書かれていない」と感じた場合は、今後、それはAIで作られた可能性がある、という批判的な思考を持つ必要があります。

→ AIで生成して欲しいデータが標準的なものであれば問題はないのですが、「本当に欲しいデータ、知りたいデータはそもそも何か」は常に意識する必要があります。

また前述のレポートではありませんが、時にAIはハルシネーション（幻覚）[15]といって、もっともらしい嘘を返すことがあります。AIの回答の9割があっていると思うが、なんかあと1割が本当っぽいような、違うような、と違和感を覚えることがあれば、ハルシネーションである可能性があります。AIのハルシネーションへ対応するには、「これ、そもそも論理構造から考えておかしくない？　裏付けるデータはある？　業界や業務のガイドライン・白書に照らし合わせて妥当だろうか？」といった批判的な思考をするようにしてください。

以上を踏まえていくと、今後は「体系的で、標準的な情報も

特殊な情報もしっかり載っているオリジナルデータ・論文・白書などをしっかり押さえておく」、また「独自の解を生み出せる人たちとのつながりを持っておく」ということがAIを活用していく上で重要となります。

この対応として、弊社の事例紹介となりますが、ビジネスにおいて信頼に足るガイドラインや各種白書などの情報源を一覧化し、いつでもアクセスできるようにしておく、というのも一つの有益なアプローチと考えます。

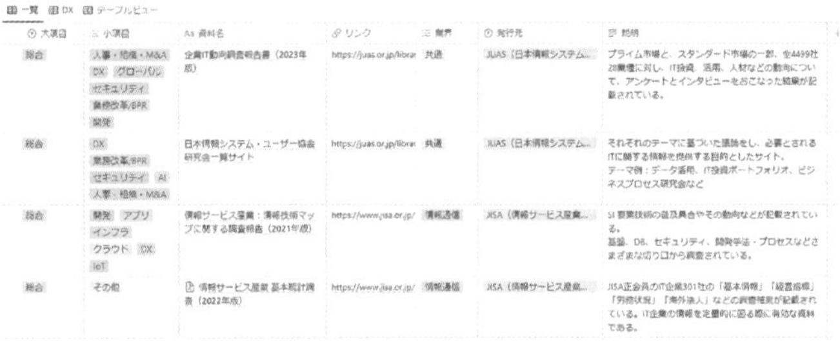

一覧　DX　テーブルビュー

大項目	小項目	資料名	リンク	業界	発行元	説明
総合	人事・組織・M&A / DX / グローバル / セキュリティ / 業務改革/BPR / 開発	企業IT動向調査報告書（2023年版）	https://juas.or.jp/librar	共通	JUAS（日本情報システム…	プライム市場と、スタンダード市場の一部、全4499社28業種に対し、IT投資、活用、人材などの動向について、アンケートとインタビューをおこなった結果が記載されている。
総合	DX / 業務改革/BPR / セキュリティ / AI / 人事・組織・M&A	日本情報システム・ユーザー協会研究会一覧サイト	https://juas.or.jp/librar	共通	JUAS（日本情報システム…	それぞれのテーマに基づいた議論をし、必要とされるITに関する情報を提供する目的としたサイト。テーマ例：データ活用、IT投資ポートフォリオ、ビジネスプロセス研究会など
総合	開発 / アプリ / インフラ / クラウド / DX / IoT	情報サービス産業：情報技術マップに関する調査報告（2021年版）	https://www.jisa.or.jp/	情報通信	JISA（情報サービス産業…	SI要素技術の普及具合やその動向などが記載されている。基盤、DB、セキュリティ、開発手法・プロセスなどさまざまな切り口から調査されている。
総合	その他	情報サービス産業 基本統計調査（2022年版）	https://www.jisa.or.jp/	情報通信	JISA（情報サービス産業…	JISA正会員のIT企業301社の「基本情報」「経営指標」「労務状況」「海外法人」などの調査結果が記載されている。IT企業の情報を定量的に図る際に有効な資料である。

図 1-6　Notion にて管理している NorthSand ガイドラインリスト（一部抽出）

上記の「NorthSandガイドラインリスト」は、中央省庁や各種業界団体が提供するガイドラインやレポートをリスト化したもの。コンサルタントが、提案書の作成やプロジェクトにおけるコンサルティングサービスを実施する際、また報告書を作成する際に客観的なデータや方法を素早く調査するために、リストアップし、更新を続けています。

④ 適応力

　AIによって多量の情報が瞬時に生成される状況において、それを俯瞰的・直感的に捉えて、次の一歩を考えられる適応力が今後重要となります。

　2000年台初頭のIT革命のころ、IT業界の技術進化の早さを犬の成長にたとえたドッグイヤーという言葉がありました（犬の1年は人間の7年に相当）。

　従来の情報化社会においてはどれだけのデータを蓄積できるか、価値のあるデータを人がどれだけ効率的に分析できるかに焦点があたっていましたが、今後は多量のデータをAIが解析する時代になり、技術進化の早さはIT革命時よりも加速すると考えられます。

　身近な例でいうと、一昔前は新聞を毎日読んでいれば社会の変化をつかみ、対応することができました。
「あの新聞に書いてあった記事読んだ？」が挨拶になっていた頃がありました。しかし、生成AIが普及を開始したばかりの現在においては、新聞だけで必要な情報が揃うと考えている人はいなくなってきているでしょう。

　新聞、インターネット、SNS等を毎日チェックしていても、人間が一日にニュースへ割ける時間や処理できるデータ量の制限から、今後は気づかないうちに新しい技術・サービスがAIによって生み出されているという状況は考えられます。
「自分が気づけない変化が常に起きている」という前提で未来を考えれば、突然現れる新しい技術・サービスなどの環境の変

化に応じて仕事や生活を組み立てていける適応力が重要となります。

　適応する際は、過去の経験・成功パターンに捉われず、「目的・目標を達成するためには、今ある状況から何をするのが最善か」をゼロベースで考える習慣を身に着ける必要があります。

　適応力を磨いていくために意識すべきは、素早いフィードバックを得ること、継続的な学習と改善、自身の幅広いスキル・経験・知識、対応すべき業務量と自身の処理スピードのバランスを適切に保つことです。

　この観点からも、AIや最新のテクノロジーに関する情報は、定期的にキャッチアップし、AIに関心がある同僚や友人と情報交換するなどで、「今後、どんなことが起こりえるか」は日ごろからシミュレーションしておくことが重要になってきます。

　有名な「生き残る種とは、もっとも強いものではなく、もっとも知的なものでもない。　もっともよく変化に適応したものである」という言葉は、AIと共存していく現代の我々にも重要な示唆になるのではないでしょうか。

⑤ 倫理

・人として正しいか

　AIはデータを処理することに長けていますが、処理内容が人間の倫理観に合っているかどうかはわかりません。2023年の後半に入った今でこそ、生成AIへ倫理に反する質問をしてもほぼ回答しなくなりましたが、それは生成AIに学習させた

人たちの努力の賜物です。一方で、人間は倫理的に正しいかどうかは、その事象が発生した背景、関係する人や文化などさまざまな要素を分析して判断しています。その場その場で複雑で多面的な要素に基づき、何が正しいかを判断する力は人間の方が優れています。

　以前、ハーバード大学の人気講師であるマイケル・サンデル教授の『これからの「正義」の話をしよう[16]』がベストセラーになりましたが、同著で問われたような「1人を殺せば5人が助かる。あなたはその1人を殺すべきか?」という問いに、自分自身の答えを出していける力が必要となります。

　ビジネスにおいて、「お客様のために」という言葉はよく使われますが、それはお客様の表情・声・姿勢・発言内容等から観察し、相手の立場になって何がもっとも良い選択肢かを考える高度で柔軟な思考です。また相手だけではなく、近江商人のように、「売り手良し・買い手良し・世間良し」と社会も含めた観点で考えられるということは、人間としての重要なスキルであり、責任となり得ます。

　今後AIは人間の意思決定に影響を与えていくことは確実です。「意思決定」は、個人や集団がある目標を達成するために、複数の選択肢の中から一つを選択することになります。その選択では個人の価値観がよりどころとなりますが、集団の意思決定では、必ずしも関係者全員の価値観が一致するとは限りません。関係者内で選択肢に関する意見が分かれたとき、その一致を図るプロセスが「合意形成」であり、人間は日々さまざまな

場面で意思決定を行っています。

　クリティカルな場面での意思決定ミスは個人や集団の状況を悪化させ、その存続・生存さえも危うくします。たとえば、企業の経営における意思決定ミスは、企業の業績悪化・競争力低下を招きます。国の政策決定・制度設計における意思決定ミスは、国の経済停滞や国民の生活悪化につながります。個人の意思決定における判断スキル・熟慮の不足は、その個人の生活におけるさまざまなリスクを誘発するだけでなく、世論形成・投票などにおける集団浅慮という形で、社会の方向性さえも左右することがあります。

　AIの進歩により、従来以上に情報の拡散スピードが速くなり、膨大な情報があふれ、影響を及ぼし合う範囲が広がっています。意思決定自体の難しさが増していることに加えて、意思決定の際に「よりどころ」となる価値観の多様化によって、合意形成の難しさも増しています。個人・集団・社会の価値観は、国や民族の歴史観・教育システム・法制度、個人の体験や接した文化・宗教などによって異なったものになり、同調圧力や対立も生じます。社会の中で共有されていることが望ましい正邪・善悪の規範たる道徳についても、価値観の多様化が進む中で、現代的な揺らぎが生じてきているため、AIを使用する上では倫理は大変重要な要素となります。

・データの著作権

生成AIを扱う際に必要な観点として、「この情報はそもそも誰のものか」というものがあります。生成AIの回答は、インターネット等が情報源になっていることがあります。2023年8月には、ニュース系のサイトが独自開発した生成AIで作成した記事が、他報道機関の記事から剽窃（ひょうせつ）・盗用の指摘を受けて、謝罪することになった事例がありました。海外では、全米作家協会が、生成AIの主要企業に向けて「トレーニングに無断で著作を使用しないでください」との公開書簡を発表しました。

　著作権問題を受けて、アメリカでは2023年7月に、バイデン大統領によって「AI生成動画の識別対策開発に向けたIT企業合意」が報じられています。

　また、厳密には著作権問題ではなく不正コピー対策ですが、AIが生成したコンテンツとオリジナルのコンテンツを見分けるための手段として、ChatGPTが書いたレポートを見抜くための「コピペルナー V6」というツールをアンク社が2023年中に発売予定であることが報じられています。

　著作権問題は、AIを利用する上で倫理的に重要な観点であり、把握しておいてください。

・AIの倫理的な発展
　将来を見据えると、AIの倫理的な発展をコントロールするという観点も重要です。AIは、私たちの生活をより便利で、より豊かにしてくれる可能性を秘めています。しかし、AIが悪用され、私たちに害を及ぼす可能性もあります。そのため、AIをコントロールするためのガイドラインや規制を整備する

ことが重要であり、次のような対策が考えられます。

✓ AIの開発や使用に倫理的な基準を定める。
✓ AIが安全かつ信頼性を保てるよう、開発プロセスを規制する。
✓ AIが悪用されないように、セキュリティ対策を講じる。
✓ AIが人間のコントロール下にあることを保証する。

　国内でのガイドラインや規制の取り組み例としては、経済産業省が2022年に「AI原則実践のためのガバナンス・ガイドライン」を発表しています。
　AIの発展が多くの人に影響を与える以上、政府の取り組みをチェックし、必要に応じて意見を発信していくということも視野に入れておいた方が良いでしょう。
　以上をまとめると、頭脳を持つ人間とAIを比較した時、人間らしくあるためにはどういう倫理感を持つべきか、またAIを使っていく上では元となる情報を作ってくれた方々への感謝や配慮をどのようにするべきかが、より高いレベルで求められる世界になってきています。

AI思考を一言でいうと

　AI思考を一言で表現すると、「脳のレバレッジ化」です。AIという別の脳が利用できる環境が整ってきているおかげで人間の処理スピードが早くなり、多面的にものごとを分析できるようになってきています。

AI思考によって、AIを上手に使うことができれば、「同僚とのアイデア出しのためのミーティング」、「上司による資料のチェック」、「インターネット上での調査」、「図や画像の作成」等の労力がゼロになるとまでは言いませんが、簡略化されることは確かでしょう。AIを使っていない人から見ると、加速された別世界を生きているようにすら感じられると思います。

　それでも、何が正しいか、どういったパフォーマンスを出すべきかを判断するのは人間です。

　AI思考の本質は、「人間がAIのように考える」ということではなく、「より人間らしい思考力を向上させる」ことにあります。

AI思考が長期的に目指すもの

　AI思考の実践を習慣化することで、得られる長期的なメリットは個人のパフォーマンスの改善と向上です。

　AIを使うことで、自身の思考パターンとは異なる観点の回答や文献が見つかることがあります。それらの新しい発見は、自身の思考方法にないため、理解やキャッチアップするのは億劫さを伴うものです。しかし、「これは本当に正しいか？」と考え、データを調査して裏付けを取る過程で、知識や思考の幅を広げられることが期待できます。

　また、AIは疲れることを知りませんし、相手が人間なら嫌がるような深掘りにも付き合ってくれます。

　私はSpeakというAIのアプリで英会話の勉強をしていますが、AIを相手に英語の学習をすると、繰り返し同じ失敗を

しても、AIは何度も指摘してくれることが肌感としてよく
わかります。人間の先生を相手にする場合、「また同じ失敗し
ちゃって申し訳ないな」と感じ、学習から離れてしまうことが
ありましたが、AIが相手ならそれはありません。

　目の前に直面している課題を解決することも大事ですが、
AIを継続的に利用することで、より本質的な理解に至り、自
身のパフォーマンスを改善させることが期待できます。
　将棋では史上初の全八冠制覇を遂げた藤井聡太さんがAIを
活用してきたことが有名ですが、現在は我々ビジネスパーソン
でも同様の環境が整いつつあります。
　一方、AIは簡単に答えを返してくれる非常に便利なツール
であることがネガティブに働く場合も考えられます。AIの操
作に慣れ、自分で考える前に「とりあえずAIに聞く」が習慣化
してしまうと、自分自身で考える力を減退させる恐れがあるの
です。

　重要なことは、批判的な視点を持ち続けること、自分の頭
で考え続けるということです。「自分で考えてからAIに聞く」
のと「AIに聞いてから自分で考える」のは、本人にしか分から
ない小さな違いです。悪い習慣が身についてしまうと、今後の
AI社会において、個々人のパフォーマンスに長期的に大きな
差をもたらすリスクがあることは注意してください。

ではAIとは何か

　AI思考を理解し、実践するためには、AIに何ができて、何ができないか、また利用する際の特徴を把握する必要があります。AI思考の5要素のうち、従来の思考方法との大きな違いは、「AIに関する知識・理解」です。

　このため、Chapter 2ではAIそのものについてご紹介し、それ以降、Chapter 3でAIの実装方法、Chapter 4にて国内におけるAIの実践事例、Chapter 5にてより具体的な考え方や手順を示すことができる弊社のAI思考の実践事例と続きます。

AIの基礎知識

Chapter 2

1 │ AIの歴史

　すでに「AI」という単語は頻繁に使っていますが、みなさんの考えている「AI」と本書の「AI」は果たして同じでしょうか？　正しく理解できているでしょうか？　Chapter 2では「AI思考」を考える上で必要となる基礎知識に関して整理してみようと思います。

AIの歴史と基本概念

　AIとはArtificial Intelligenceの略で、日本語では「人工知能」と訳すことが一般的です。AI自体は1950年代から研究が進み、その過程ではこれまで3度のブームと冬の時代が繰り返されています。そして、今、まさに第四次AIブームが訪れようとしているところです。

　ここでは「第四次AIブーム」と表現していますが、第四次ブームの定義は曖昧です。Chapter 2では2022年後半から始まったChatGPTを象徴とする現在の生成AIを取り巻く状況を「第三次ブーム」と区別するため、「第四次ブーム」と便宜的に表現しています。

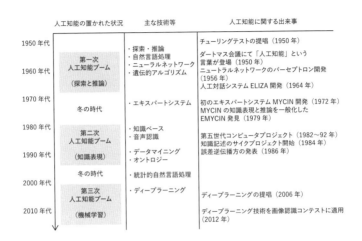

	人工知能の置かれた状況	主な技術等	人工知能に関する出来事
1950年代	第一次 人工知能ブーム （探索と推論）	・探索・推論 ・自然言語処理 ・ニューラルネットワーク ・遺伝的アルゴリズム	チューリングテストの提唱（1950年） ダートマス会議にて「人工知能」という 言葉が登場（1950年） ニュートラルネットワークのパーセプトロン開発 （1956年） 人工対話システムELIZA開発（1964年）
1960年代			
1970年代	冬の時代	・エキスパートシステム	初のエキスパートシステムMYCIN開発（1972年） MYCINの知識表現と推論を一般化した EMYCIN発見（1979年）
1980年代	第二次 人工知能ブーム （知識表現）	・知識ベース ・音声認識 ・データマイニング ・オントロジー	第五世代コンピュータプロジェクト（1982～92年） 知識記述のサイクプロジェクト開始（1984年） 誤差逆伝播方の発表（1986年）
1990年代			
2000年代	冬の時代	・統計的自然言語処理 ・ディープラーニング	ディープラーニングの提唱（2006年）
2010年代	第三次 人工知能ブーム （機械学習）		ディープラーニング技術を画像認識コンテストに適用 （2012年）

図 2-1　AIの歴史

第一次AIブーム

　第一次AIブームは、1950年代後半～1960年代です。コンピューターによる「推論」や「探索」が可能となり、特定の問題に対して解を提示できるようになったことがブームの要因です。冷戦下の米国は、自然言語処理による機械翻訳に注力しました。しかし、当時のAIでは、迷路の解き方や定理の証明のような単純な仮説の問題を扱うことはできても、さまざまな要因が絡み合っているような現実社会の課題を解くことはできませんでした。結果、AIブームは起きたものの、間もなく冬の時代を迎えました。

第二次AIブーム

　第二次AIブームは、1980年代です。「知識（コンピューター
が推論するために必要なさまざまな情報を、コンピューターが
認識できる形で記述したもの）」を与えることでAIが実用可能
な水準に達し、多数のエキスパートシステム（専門分野の知識
を取り込んだ上で推論することで、その分野の専門家のように
振る舞うプログラム）が生み出されました。日本では、政府に
よる「第五世代コンピューター」と名付けられた大型プロジェ
クトが推進されました。

　しかし、当時はコンピューターが必要な情報を自ら収集して
蓄積することはできなかったため、必要となるすべての情報に
ついて、人がコンピューターにとって理解できるように内容を
記述する必要がありました。世にある膨大な情報すべてを、コ
ンピューターが理解できるように記述して用意することは困難
なため、実際に活用可能な知識量は特定の領域に限定する必要
がありました。こうした限界から、1995年頃から再び冬の時
代を迎えました。

第三次AIブーム

　第三次AIブームは、2000年代から最近まで続いています。
まず、「ビッグデータ」と呼ばれているような大量のデータを用
いることでAI自身が知識を獲得する「機械学習」が実用化され
ました。次いで知識を定義する要素（特徴量）をAIが自ら習得
するディープラーニング（深層学習や特徴表現学習とも呼ばれ

る）が登場したことが、ブームの背景にあります。

　私たちはAIという言葉を聞くと人間の代わりに働いてくれるものを期待することが多いと思いますが、実際には特定の問題を解き、一定レベルの専門家の代わりを担うことはできても、現実社会の問題へ対応し、解決することは困難です。仮に実現しようとした場合には、高い技術、費用と大量のコンピューターリソースが必要となります。
　第三次のブームが始まった当初は日常的にビジネスでAIを使用することは難しく、2000年を超えたあたりからインターネットやクラウドなどインフラ面が整備・進歩したことで、ようやく一部のビジネスに利用できるようになってきました。

　ところが、第四次AIブームでは状況が大きく変わろうとしています。これをご理解いただくため、第四次AIブームに関連のあるAIの技術を詳細に見ていきましょう。

2 | AIの主要用語

主要なAIの技術と種類

　AIを語る上ではさまざまな専門用語が出てきます。ここでは、これらの用語とその概念を簡単にまとめます。

　最初にAIを分類します。一言でAIと言っても、実際には使用する技術により、大きく次の2つに分類されます。

機械学習（マシンラーニング）

　データを解析し、そのデータから学習した内容を応用して判断を下すアルゴリズムです。機械学習には、複雑な計算とコーディングが大量に含まれています。

深層学習（ディープラーニング）

　人間が結論を導くのと同様の論理構造を用いて、データを絶えず分析するよう設計されたアルゴリズムです。これを実現するために、ディープラーニングのアプリケーションでは、人工の神経ネットワーク（ニューラルネットワーク）と呼ばれる階層構造のアルゴリズムを使用します。人工ニューラルネットワークの設計は、人間の脳の神経ネットワーク（ニューラルネットワーク）をヒントにしたもので、標準的な機械学習モデルと比べて学習プロセスの精度がはるかに高くなります。

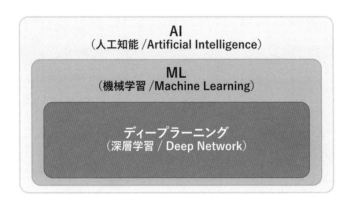

図 2-2　AI・機械学習・ディープラーニングの関係

　基本的な機械学習モデルの場合、与えられた機能が何である
かによらず、精度は徐々に向上していくものの、人間による一
定の指示が必要です。機械学習のAIアルゴリズムが不正確な
応答を返してきた場合、エンジニアが調整を行う必要が出てき
ます。一方、ディープラーニングモデルの場合は、アルゴリズ
ムが自分自身のニューラルネットワークを使用して、応答が正
確かどうかを自分で判断します。この部分が大きな違いとなり
ます。

　ここでまた新たな用語として「ニューラルネットワーク」が
出てきましたので、簡単に説明すると次のようになります。

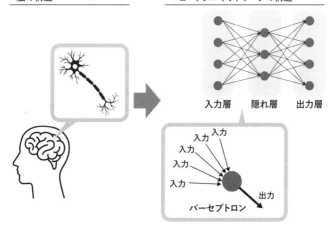

脳の構造　　　　　　　　　　ニュートラルネットワークの構造

入力層　隠れ層　出力層

入力
入力
入力
入力
出力
パーセプトロン

図 2-3　ニューラルネットワークのイメージ

ニューラルネットワーク（神経ネットワーク）

「ニューラルネットワーク（Neural Network：NN）」とは、人間の脳内にある神経細胞（ニューロン）とそのつながり、つまり神経回路網（ネットワーク）を人工ニューロンという数式的なモデルで表現したものです。

　ニューラルネットワークの概念自体は第一次AIブームからあり、私たちの日常生活のさまざまなシーンで利用されています。たとえば、インターネット上のコメント解析や初期の自動翻訳、株価予想、自動運転システム、医療分野、画像解析などがあげられます。

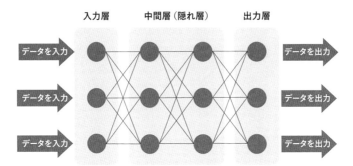

入力層　　中間層（隠れ層）　　出力層

データを入力　　　　　　　　　　　　　　　　データを出力

データを入力　　　　　　　　　　　　　　　　データを出力

データを入力　　　　　　　　　　　　　　　　データを出力

●人間の神経細胞（ニューロン）のように、各ノードが層をなして接続されるものが
　ニュートラルネットワーク
●ニュートラルネットワークのうち、中間層（隠れ層）が複数の層となっているものを
　用いるものが深層学習

図 2-4　ディープラーニングとニューラルネットワークの関係

　ディープラーニングの技術は、人間の神経細胞(ニューロン)の仕組みを模したシステムであるニューラルネットワークがベースになっています。ニューラルネットワークを多層にして用いることで、データに含まれる特徴を段階的により深く学習することが可能になります。多層構造のニューラルネットワークに大量の画像、テキスト、音声データなどを入力することで、コンピューターのモデルはデータに含まれる特徴を各層で自動的に学習します。

　この構造と学習の手法がディープラーニング特有であり、これによりディープラーニングのモデルは極めて高い精度を誇り、時には人間の認識精度を超えることもあります。

ディープラーニングは当初、画像認識で大きな成果を上げ、その後、画像と音声分野で人間を超える精度を達成しました。自然言語処理（NLP：Natural Language Processing）においても急激に精度が向上し、今では人間を超えるレベルになっています。

　ディープラーニングはニューラルネットワークを進化させたものですので利用分野は同じです。
　ここで、図2-2　AI・機械学習・ディープラーニングの関係に「ニューラルネットワーク」を加えてみると下記のようになります。

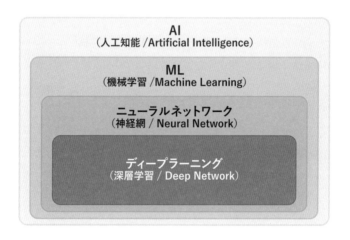

図2-5　第四次 AI ブームを理解するための技術

ここまでが第三次AIブームと呼ばれていた時期に、よく見聞きした用語です。新聞やTV等の各種メディアなどを通じて、こられの用語を聞いたことはあるかと思いますが、整理してみるとAIは第一次ブームからの技術の進化の積み重ねであることがわかると思います。さて、いよいよここから「第四次AIブーム」につながる技術が登場してきます。

トランスフォーマー

　ニューラルネットワーク⇒ディープラーニングと進化が進む中で今のAIブームのカギとなる技術「トランスフォーマー」が提案されます。トランスフォーマーはディープラーニングの一種です。

　トランスフォーマーの特徴は「処理が速い！　精度も高い！しかも汎用性が高くて何にでも使える！」モデルです。

　技術的な詳細は省きますが、革新的な部分として「従来の順次処理から、並列処理を可能にしたこと」が挙げられます。それまでのモデルでは順次処理、つまり単語を一つひとつ処理する必要がありました。
　一方で、トランスフォーマーは並列処理、つまり複数の処理を同時に行うことが可能になりました。
　この並列化によって、同時に複数のタスクを処理することで、一つひとつのタスクの処理時間を短縮できるようになりました。

LLM（大規模言語モデル／Large Language Model）

　大規模言語モデルは、膨大なデータの集まり（データセットと言います）から得た知識に基づいて、テキストやその他のコンテンツを認識、要約、翻訳、予測、生成できるディープラーニングです。

　大規模言語モデルは、トランスフォーマーモデルのもっとも成功した応用例の一つとなります。

基盤モデル（Foundation Model）

　トランスフォーマー、大規模言語モデルを紹介してきましたが、現在の生成AIが文字の処理だけでないことは皆さんもご存じだと思います。たとえば、画像処理、音声処理を行う生成AIもあります。これらを総称した用語として「基盤モデル」があります。

　基盤モデルは、一般的には（AIへの）教師無しの学習にて、大量の生データでトレーニングされた AI ニューラルネットワークのことで、幅広いタスクを達成できます。

「基盤モデル」が提唱されたのは2021年8月に米国スタンフォード大学の人間中心人工知能研究所の基盤モデル研究センターが発表した「基盤モデルの可能性とリスクについて[17]」です。2021年なので最近の技術であることがわかりますよね。

図 2-6　生成 AI の出現と均質化

　基盤モデルには、以下が必要となります。
・大量のデータで学習する
・タスク毎にデータセットを用意する
・データセットに対してラベリングを行う
・適切なアーキテクチャーのモデルを設計・訓練する

　この作業のため、開発・運用コストが制約となるケースがあります。
　また、基盤モデルの利用目的に特化した設計となるため、目的外のタスクに対しては性能が著しく悪いことが課題となります。

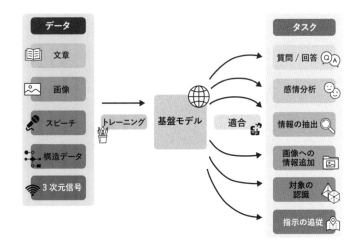

図 2-7　基盤モデルのイメージ

　ただし、大量のデータを用いた事前学習と利用目的へのファインチューニングを行うことができれば、幅広いタスクへ適応できることが基盤モデルの優れている点となります。

　さて、ここでもう一度、AI技術と種類の整理をしてみると右の図のような関係性になります。

　ここまでのAIの進化を整理すると、実はAIは1950年代からある技術の改良であるということがわかると思います。世間では「革命」、「発明」のような取り扱いを受けることが多いAIブームも、その基本的な考え方は以前からある技術の延長線上

にあるということです。では、何が変わったのかを含めて次から生成AIに関わる説明をします。

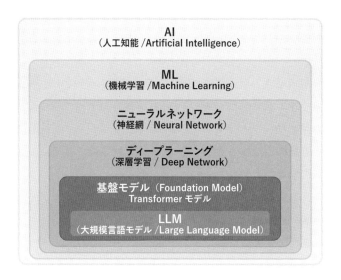

図 2-8　第四次 AI ブーム理解に必要な主要な AI の技術と種類

生成AIとは

　さっそく生成AIの説明に進みたいところですが、その前段階があります。

大規模言語モデル（Large Language Model ／ LLM）

　大規模言語モデルは基盤モデルの一つであり、言語に特化した生成AIです。第四次AIブームのきっかけとなったChatGPTはLLMに分類できます。

　大規模言語モデルは、大量のデータセットとディープラーニング技術を用いて構築されています。一般的には、特定のタスクでトレーニングする「ファインチューニング」と呼ばれる手法を用いて、テキスト分類・生成や感情分析、文章要約、質問応答といったさまざまな自然言語処理タスクに適応させます。

　大規模言語モデルでは、従来の自然言語モデルと比べて「計算量（コンピューターが処理する仕事量）」、「データ量（入力された情報量）」、「パラメーター数（ディープラーニング技術に特有の係数の集合体）」という3つの要素を巨大化させている点が特徴です。

ラベル（Label）

　基盤モデルを語る際には「ラベル」という用語が出てきます。従来のAIではデータに対して人間が正解のラベルを付けることが必要でしたが、基盤モデルでは正解を設定しません。従来

のAIではこのラベル付けが手間でした。

　基盤モデルの特徴の一つとしてラベル付けを行う「事前学習」があり「教師無しの学習」となっています。これを実現するためは自己教師あり学習（Self-Supervised Learning ／ SSL)という手法が使われていますので、簡単に触れておきます。

《自己教師あり学習（Self-Supervised Learning ／ SSL)》
　SSLとは名前の通り自分で教師を用意するような手法で、データ自身から独自のラベルを機械的に作り、表現を学ばせるようなタスクです。なので、人間によるラベルは用いません。従来のAIでは人間が教師となりラベル付け（教師学習）を行うことで正解を学ぶことが必要でした。

ファインチューニング(Fine Tuning)
　基盤モデルでは「ファインチューニング」で「ラベル」を付けます。ファインチューニングは目的、用途別にラベルを付けることで、基盤モデルを用途に合ったAIモデルとして応用することを可能とします。さらにその特徴として、従来のAIに比べてラベル付きデータの必要量が大幅に少なくて済むことが大きな特徴です。

　AIに詳しい方ならばここまでの説明でも十分かもしれませんが、一般の方向けに説明すると次のようになります。
　すでにお伝えした通り、基盤モデルでは元々大量のデータを

「事前学習」しています。しかし、この事前学習だけでは、特定のタスクや用途に完全に適応することは難しいことが多く、微調整を行うことを「ファインチューニング」と言います。

　たとえばChatGPTに作ってもらった感情分析のタスク用にファインチューニングするためのデータセットサンプルをJSON形式で表現した例は次のようになります。

```
    [
{"text": "このレストランの料理は美味しいです。", "label": "ポジティブ"},
{"text": "彼の演技は素晴らしい。", "label": "ポジティブ"},
{"text": "景色がとてもきれいだった。", "label": "ポジティブ"},
{"text": "この商品は全然ダメだった。", "label": "ネガティブ"},
{"text": "サービスがとても悪い。", "label": "ネガティブ"},
{"text": "電車が遅れて困った。", "label": "ネガティブ"}
    ]
```

　具体的な例がわかれば、難しいものではないということがお分かりいただけたと思います。OpenAIのマニュアル によると最低でも10個のデータセットが必要で50から100個あれば明らかに改善がみられるとあります。もちろん、改善はケースバイケースになり、場合によっては数千から数万必要になることもあるとは思いますが、従来と比較すると大幅に少ないデータ量でチューニングが行えることが特徴です。

パラメーター (Parameter)

　ニューラルネットワークのパワーと複雑さを示す重要な指標がパラメーターです。パラメーター数が多いほどモデルの性能が良いとされていますが、多いことで増える課題もあります。パラメーターの詳細を説明するためには技術的に深い知識、理解が必要であるため、本書では詳細には触れないようにします。

　基盤モデルを含むディープラーニングでは、脳の神経細胞を数式に置き換えていますが、数式の中の定数をパラメーターと呼んでいます。もっと単純に言えば「変数」であり「複雑さ」を表すものとご理解ください。そして、このパラメーター数を増

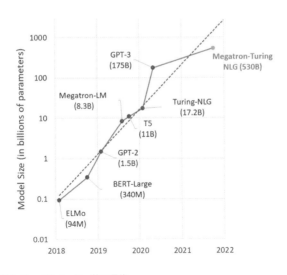

図 2-9　パラメーター数の遷移

やすことが性能を高める重要な要素であるとされ、「スケーリング則」と言われます。

　この説明も一般の方には難しくてわかりにくいですよね。文章生成AIを例にとると、学習データに含まれる単語、フレーズの出現頻度、単語間の関連性、文法などの情報がパラメーターとなります。新しい文章を生成する際には、これらのパラメーターをもとに単語の選択や文の構造を決定します。

　これでも難しければ、パラメーターはAIが学んだ知識やルールを保存しておく「メモ帳」と考えてください。たとえば、絵を描くAIでは、色の使い方や形の描き方などのルールが「メモ帳」に書き留められています。新しい絵を描くとき、AIはこの「メモ帳」を見ながら、どんな色を使ってどんな形を描くか決めます。

　私たちの日常生活でもこまめにメモを取り、活用できる人はさまざまな状況に抜け漏れなく柔軟に対応できることと同じで、生成AIではパラメーターの多さが性能を高める際の指標の一つとなっています。

スケーリング則 (Scaling Laws)
　トランスフォーマーの性能は、パラメーター数 (＝モデルのサイズ)、データセットのサイズ、トレーニングに使用される計算 (Compute) 量が増えるにつれて、損失が「べき乗則」に

したがって減少する、という法則です。

　きわめて単純に表現するならば、時間と手間をかければかけるほど、より高性能になるという法則です。

　スケーリング則の有効範囲は、現時点で上限が見当たらず、性能に限界が存在しない可能性があります。

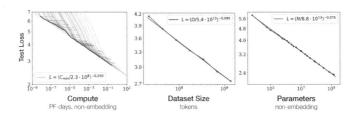

図2-10　スケーリング則

　さて、ここまでの情報で「データセットのサイズ」、「パラメーター数」、「計算量」を増やすことにより、性能向上が得られるということをご理解いただけたと思います。
　各基盤モデルの計算量を調査した論文がありましたので図2-11に提示していますが、非常に多くの計算機資源を使用していることがわかると思います。

　一説によると、1,750億パラメーターのGPT-3のトレーニングのために、15億円（開発費5億円、人件費10億円）と355年（GPU一つで実行した場合）が必要になるそうです[18]。

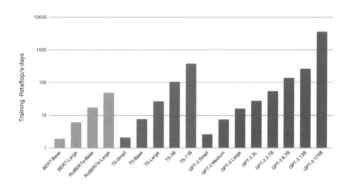

図 2-11　基盤モデルの計算量

実際のデータサイズとデータ

　スケーリング則によれば、データサイズとパラメーター数が
精度を左右するということですが、実際のデータ数が公開され
た論文などを集めてみると次のようになりました。

バージョン	リリース時期	パラメーター数	訓練データ
GPT-1	2018年6月	1億1,700万	4.5GB
GPT-2	2019年2月	15億	40GB
GPT-3	2020年6月	1,750億	570GB/4,000億トークン
GPT-3.5	2022年3月	非公開	非公開
GPT-4	2023年3月	非公開	非公開

GPTのパラメーター数とデータ数は、バージョンが変わる
ごとに増加していることが確認できました。では、GPT以外
はどうでしょうか？　論文、インターネット上にいくつかまと
めたデータがありましたので参考までに掲載しておきます。

モデル	パラメーター数	AIチップ	モデルFLOPS 利用率（MFU）
GPT-3	1,750 億	V100	21.3%
Gopher	2,800 億	4096 TPU v3	32.5%
Megatron- Turing NLG	5,300 億	2240 A100	30.2%
PaLM	5,400 億	6144 TPU v4	46.2%

機関	データ セット	サイズ(TB)	トークン （兆）	備考
Google	Piper mo norepo	86	37.9	DIDACT、コードの み、2016年の論文 から
OpenAI	GPT-4	40	20.0	1Tモデル、20Tトー クン、40TB
TTI	RefinedWeb	23.2	5.0	UAEにより準備さ れたCCのみのデー タセット
DeepMind	MassiveT ext(ml)	20	5.0	レトロ白書より
Google	PaLM 2	13	3.6	PaLM 2 CNBCレ ポートより
Google	Infiniset	12.6	2.8	LaMDA白書より

※2023年最大級のデータセット見積より。

図2-12　GPT以外を含めたパラメータ数やデータセットの違い

ここでまた新しい用語「GPU」が出てきましたので簡単に説明しておきます。

GPU（Graphics Processing Unit）

　トランスフォーマーで並列処理が可能になったことでGPUへの注目度が一気に上がりました。多くの方はCPU（Central Processing Unit）という単語をご存じかと思いますが、GPUははじめて聞いた方もいらっしゃると思います。GPUはその名の通り元々は画像処理をするためのもので、パソコンのグラフィックボードなどで使用されています。ゲームや動画処理が好きな方はGPUをご存じかと思います。

　トランスフォーマーは、元々、並列処理が得意であったGPUを使用することで大幅な効率化、スピードアップを実現しています。

　GPUをグラフィック以外に活用することはトランスフォーマーがはじめてではなく、以前からスーパーコンピューターの世界では利用されています。また、仮想通貨のマイニングブームの際にはGPUが不足した時期もありました。このGPUを今回はAIに活用したのです。

　みなさんが生成AIを活用する際にはこのGPUを利用することになるはずです。SaaSタイプのAIの利用時にはあまり意識することはないと思いますが、オンプレミスなどで自社専用AI環境を使用する際にはこのGPUの選択・調達は大きな課題

になります。また、GPUは消費電力・発熱量が大きく、従来のサーバー環境には簡単に導入できない場合もありますので、物理環境の設計が必要になる場合があります。

　ここまで、データサイズ、パラメーター数と計算機資源の話題について議論してきましたが、もう一つ重要なものとして「データセット」があります。

データセットの中身

　データセットとは、AIが学習を行う際に必要なデータのことです。大規模言語モデルで使用されているデータセットのいくつかは論文中に公開されています。たとえばGPT-3 はインターネット上でのデータを収集したもの（Common Crawl）、ウェブ上のテキスト、書籍、Wikipediaなどの膨大な量のウェブテキストでトレーニングされています（図2-13）。

　ここまでの基盤モデルの紹介を読み進めるとデータ量とパラメーター数が多ければ多いほど高性能と理解されている方もたくさんいらっしゃると思いますし、前述の「スケーリング則」にも適合します。しかし、実際には必ずしもそうではありません。ChatGPTの発表後、さまざまな企業がデータ量とパラメーター数を競うように増やしていますが、利用してみると必ずしもこれらだけでは高評価につながっていないのが実態です。そういう意味では基盤モデルはまだまだ発展途上の技術であると言えます。

Dataset	Quantity (tokens)	Weight in training mix	Epochs elapsed when training for 300B tokens
Common Crawl (filtered)	410 billion	60%	0.44
WebText2	19 billion	22%	2.9
Books1	12 billion	8%	1.9
Books2	55 billion	8%	0.43
Wikipedia	3 billion	3%	3.4

図 2-13　GPT-3 の学習データセット

　スタンフォード大学とカリフォルニア大学の研究チームによる論文[19]によると大規模言語モデル（GPT-3.5とGPT-4）の性能が短期間で大きく変わる例が報告されています（図2-15）。

　この例では図（a）に示されているように、GPT-4の正確性（Accuracy）は84％（3月）から51％（6月）へと大幅に低下し、GPT-3.5は50％（3月）から76％（6月）へ改善しています。また、右図（b）に示されているように、GPT-4の回答は非常に簡潔になっています。生成される平均的な文字数は638文字（3月）から3.9文字（6月）へと大幅に減少しています。一方で、GPT-3.5の回答の文字数は22％増加しています。

　この報告では、「GPT-3.5とGPT-4という同一の大規模言語モデルでも、いつ、どのようにアップデートがあるか分からないため、挙動を継続的に監視し続ける必要がある。」と結論付けています。

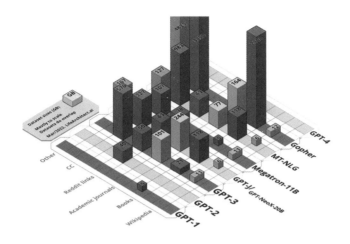

図 2-14　基盤モデルと学習データセット

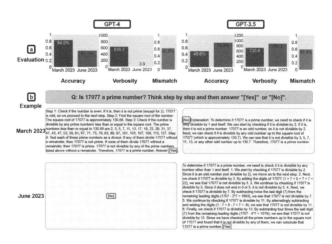

図 2-15　時間とともに変化する GPT-3.5 と GPT-4 の正確性

生成AI（Generative AI）

　生成AIは、トランスフォーマー、大規模言語モデル、拡散モデル、その他のニューラルネットワークの総称で、テキスト、画像、音楽、ソフトウェアなどを生成できます。生成AIはAIが自ら答えを探して学習する「ディープラーニング（深層学習）」を用いて構築されたモデルであり、AIの中では比較的新しく生まれたモデルです。そして「AIが人間のようにクリエイティブな成果物を生み出せる」点が従来のAIとは異なっています。生成AIの基本的な使い方としては次のようになっています。

・テキスト生成AI：テキスト（プロンプト：prompt）入力
・画像生成AI：画像入力
・文字起こし生成AI：音声入力

　テキスト生成AIにおいては、AIアプリケーション上で要望や質問などのプロンプトを記述して送信することで、AIが入力された内容を解析し、適切な答えを返します。

　画像生成AIには、テキスト生成AIのようにプロンプトをもとに画像を生成するものや、学習元になる画像をAIツールに入力することで、入力された画像をAIが学習し、それらの画像の特徴を持ったまったく新しい画像を生成するものがあります。

対話型AI

　生成AIの一分野であるLLMに「対話型」機能を追加したものを、「対話型AI」と考えることができます。今回のAIブームの火付け役となったChatGPTはGPTに対話型ユーザーインターフェイスを追加したものです。

　ここまでで、生成AIが実現できた主な技術的要素が見えてきました。生成AIを実現できるようになった理由は、次の3つを挙げることができます。

生成AI実現に寄与した技術
①計算能力の向上（CPU、GPU、メモリ）
②インターネットの利便性とインターネット上の膨大なデータ
③クラウドコンピューティングによる巨大な計算機資源

　AIとは直接的に関係ないと思われるような技術かもしれませんが、IT技術の進歩が今日の生成AI実現の背後にはあるということを知っておいてください。

　さて、これでようやく生成AIを構成する要素が説明できましたので、改めて、第四次AIブームについて考えてみます。

3 | AI活用の注意点

ビジネスとAI

　ここまでAIの歴史、技術の紹介をしてきましたが、なぜ、ChatGPTを始めとした生成AIがビジネス分野で注目を浴びているのでしょうか？ AI自体はAIの歴史でも紹介した通り、いまから約70年前の1950年代後半からありますし、過去何度もブームが来ています。そして実際にビジネス分野でも活用されてきています。

　現在、注目を浴びる理由は、以下があると考えています。

理由①：飛躍的に使い勝手がよくなり、エンジニアのものから誰でも使えるものになった
理由②：インフラ面の整備が進み、誰でもすぐに使用できるようになった
理由③：人間が期待するレベルに近い回答ができるようになった

　ここからはそれぞれの理由に関して考えてみます。

理由①：飛躍的に使い勝手がよくなり、エンジニアのものから誰でも使えるものになった
　従来のAIは「学習」させることが一つの課題でした。この学

習をさせるためにはエンジニアが必要となり、企業は多くの
エンジニアの確保と学習のためのデータを用意し、学習させる
ための時間、リソースが必要となっていました。しかし、今回
の生成AIブームでは「基盤モデル」という新しい考え方により
「事前学習」したAIがあらかじめ用意されています。

理由②：インフラ面の整備が進み、誰でもすぐに使用できるよ
うになった

　仮にエンジニアが確保できたとしても実際に学習させるため
には巨大なコンピューターリソースが必要となります。たとえ
ばChatGPTのもとになったGPT-3ではパラメーター数1,750
億、学習データ量は570GBですが、この規模のデータを一企
業の業務のために収集することは、データ量の面からも、コス
トの面からも実現不可能です。しかし、インターネットやクラ
ウド環境の進歩により、一般企業でも巨大なコンピューターリ
ソースを導入することなく、ネットワークを介してすぐに利用
できるようになりました。実際、ChatGPTは無料で利用でき
ますし、有償プランである「ChatGPT Plus」でも一人当たり
月額20ドルという価格で利用できます。

理由③：人間が期待するレベルに近い回答ができるようになっ
た

　ChatGPTは対話型UIを提供し、従来の大規模言語モデル
よりも高度な会話（チャット）が可能となりました。専門知識、
技術を用いることなく、自然言語による会話形式でAIを使用

できるようになり、その回答レベルもまるで人間と会話しているかのような自然な文章を生成できています。

　まとめて考えてみると基盤モデルという技術の進歩も大切ですが「事前学習」という仕組みが、AIを利用する立場からすると非常に便利です。今回のAIブームの大きな理由は、「クラウド」という巨大なコンピューターリソースが簡単に利用できる環境の変化と、「対話型」というユーザーインターフェイスによりAI利用が身近になったことだと考えています。

　ここまで環境が用意されたことで、活用のアイデアはどんどん広がります。従来は特定のビジネス用途、規模でなければ導入自体を断念せざるを得なかったAIのハードルが一気に下がったためです。

　現在、多くの企業で導入・検討が進んでいるバックオフィスや日常業務でのAI利用などは、その典型的な例であると思います。たとえば議事録作成、要約、翻訳などにAIを利用するアイデアは何十年も前からあり、実際に開発が行われていましたが、人的、時間的、金銭的な側面から実際に導入されることはほとんどありませんでした。しかし、今回は違います。AI技術の進歩だけでなく、インフラ面の進歩など複数の理由から、あらゆるビジネスシーンにおいてAIを活用することができる環境が整っています。

利用時の注意点（ビジネスの可能性とリスク）

　技術的、環境的な整備は進歩しましたが、ビジネスで使用する際にはいくつかの注意すべき点があります。最初にAI利用時の代表的な注意点に関して考えます。

バイアス（Bias）

　生成AIは、大量のデータを使用した基盤モデルであることはすでにお伝えしていますが、そのデータの質も大切な要素です。GPT-3.0がインターネット上のデータを使用していることについて、OpenAIの論文で公開されていますが、インターネット上のデータが果たして公平であるかは疑問が残ります。OpenAIもできるだけ公平性を持つように調整したことは論文に記載されていますが、誰でも自由に、いつでも改変できるのがインターネット上のデータです。データの質、公平性は新たな課題と言えます。

　またGPT-4は非常に多くの言語に対応していると発表されていますが、米国企業が開発したものなので、米国の情報かつ英語を中心とした情報になっていることは間違いありません。そこで各国ではそれぞれの国のデータ、言語を使用した生成AIを開発することに注力しています。

　参考としてOpenAIが公開しているGPT-4の評価結果のページ[20]にある各言語の精度を掲載しておきます（図2-16）。

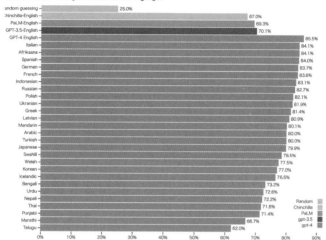

図 2-16　GPT-4 の各言語に対する精度

　バイアスを含めた公平性、透明性に関しては米国スタンフォード大学の基盤モデル研究センター（CRFM）が言語モデルの総合評価(HELM：Holistic Evaluation of Language Models)[21]を実施しています。

　もちろん日本もその例外ではありません。日本は、日本語という英語とは異なる言語構造を持っていますし、日本という国が持っている思想に合わせたデータを用いたAI開発の必要性について、政府や日本企業にて盛んに議論されています。

　事前学習のデータの重要性を繰り返し述べてきましたが、こ

れらに対して日本政府も動き出そうとしています。「新しい資本主義のグランドデザインおよび実行計画2023改訂版（2023年6月16日）」[22] では次の文言が盛り込まれており、安心して利用できるデータを整備されることが期待されます。

「AIが学習に用いるデータのうち、我が国に関するデータが少ないために、我が国に関連する質問に対してAIが適切な回答をしないことが起こり得るだけでなく、AI製品・サービスの海外への依存度が高いことから、供給途絶等で我が国の国民生活や産業に影響が及ぶおそれもある。

　さらに、生成AIの技術進歩と普及によって、AIがどのようなデータをどのように処理しているのかが分からない、巧妙な偽情報が拡散する等、AIが社会にもたらす不安やリスクへの懸念が世界的に高まっており、安全保障上のリスクも指摘されている。

　そこで、AIに関する国際的な議論、多様なリスクへの対応を進めるとともに、AIの利用の促進、AIの開発力の強化を図る。」

　ここでは「バイアス」の課題に関する状況をお伝えしてきましたが、これらは「公平性」の課題と捉えることもできます。AIの偏った回答により、誤った判断や、ユーザーへ不快感・不信感を与えてしまう可能性がありますので、AIを導入する際には「バイアス」の理解と対処方法を準備・検討しておくことが必要になります。

ハルシネーション（幻覚／Hallucination）

　生成AIのもう一つの課題として、Chapter 1でも触れました
が、ハルシネーションがあります。ハルシネーションとは、生
成AIが事実に基づかない情報を生成する現象のことです。ま
るで生成AIが幻覚（＝ハルシネーション）を見ているかのよう
に、もっともらしい嘘（事実とは異なる内容）を出力するため、
このように呼ばれています。生成AIでは事前学習を行うため、
学習データに起因する問題や学習プロセスの過程から誤った回
答をすることがあります。

　大規模言語モデル（LLM）の場合にはインターネット上の
データを使用する場合が多く、インターネット上のデータに偏
り、誤った情報があることでハルシネーションが発生してしま
うことがあります。言語モデルは、ある単語に対し、次に続く
確率が高い単語を予測するものであって、正しい情報を出力す
ることを目的として訓練されるわけではありません。そのため、
文脈には合っていても、真実ではない情報を出力してしまうこ
とがあります。

　そのため、ハルシネーションの抑制が新たな課題であり、大
きく次の対策が行われています。

《ハルシネーション対策》
A.学習データの質の向上
B.出力結果へのフィルター

C.人間からのフィードバックによる強化学習（RLHF：Reinforce
ment Learning from Human Feedback）

　多くの生成AIはこれらの対策が行われていますが、不完全
な状態です。そのため、生成AIを使用する際、生成AIの回答
は必ずしも正しくないということを前提に使用することが必要
です。

学習データ
　生成AIは大規模なデータを学習していること、「バイアス」、
「ハルシネーション」を説明してきましたが、もう一つ注意が
必要となることがあります。それは学習データそのものです。
基盤モデルは事前学習していることが特徴ですが、事前学習で
あるということは、学習した時点より前の情報しか持っていな
いということです。歴史的な課題や最新の情報を調査する場合、
生成AIがデータを学習していない可能性があり、回答の精度
が悪くなる点には留意が必要です。

AIの得意分野・不得意分野

　生成AIは万能ではありません。得意分野、不得意分野があ
ります。

【得意分野】
　LLM、対話型AIの代表格であり、今のAIブームの火付け役
となったChatGPTを思い浮かべていただければ明らかなよう

に、文書の生成、まとめなどは非常に得意としています。

【不得意分野】
　ChatGPTに対して否定的な意見でよく見かけるように、正しいデータの提供、ひらめきを必要とするような創造性が必要な場面は苦手としています。

【対話型AIの不得意分野】
　ChatGPTのような対話型AIは、特定のデータの提供は不得意です。対話型AIが提供するデータは、ほとんど信頼できません。インターネットに接続されていないタイプのAIでは学習した時点のデータしか保有していませんので、学習時点より後に発生した内容に関する情報提供は非常に苦手としています。たとえば、ChatGPT3.5もインターネットに接続されていなかったため、2023年10月時点では、2021年9月より後のデータが提供できません。

　対話型AIは、検索エンジンが検索結果である複数の候補のサイトを提示してくれるのとは異なり、対話結果を直接的に表示します。そのため、一見すると非常に便利だと感じられますが、これは危険です。対話型AIの作りにもよりますが、基本はLLMで事前学習したデータから文書を生成していることを念頭においておく必要があります。

　最近ではBingやGoogle Bardなど対話型AIのUIを改良する

ことで検索エンジンと組み合わせ、最新のデータを収集、要約してくれるサービスも登場していますが、それでも元となるデータの正確性を保証してくれるものではありません。あくまで対話型AIの提示する情報は情報収集の出発点として利用することが大切であり、データの正確性は人間が判断することが必要です。ChatGPTも2023年9月にインターネットを閲覧することをX（旧Twitter）への投稿で発表しています。

　創造的な面も不得意分野の一つです。生成AIによるデータは、事前学習したデータとプログラムに基づいて生成されます。そのため、あくまでも参考として使用することが重要であり、創造性を必要とする分野において生成AIを全面的に信頼することは避けるべきです。

　一方で、矛盾するように聞こえると思いますが、創造性を必要とする場面において有益なツールとして使用することは可能です。それはAIと人間の対話を通じ、AIが収集・生成する膨大な情報の中から、人間が新しいアイデアの発想を得る方法です。
　なお生成AIからは、あたかも創造したかのような回答が得られることがありますが、あくまで事前学習したデータであり、内容によっては「著作権問題」につながる場合もありますので注意が必要です。

【対話型AIの得意分野】

　ここまでデータの信頼性、創造性において対話型AIは不得意であると書いてきましたが「文章を書く」という分野においては非常にすぐれています。元となるデータ・アイデアを人間が提供することで、生成AIが事前学習した多様な表現方法・文法に基づいて文章を作成したり、要約したり、翻訳ができるからです。この分野では、生成AIは非常に高い能力を発揮します。

分野	生成AI	補足
事実・データの提供	不得意	検索エンジン・書物が正確
資料・データの場所情報（URL等）の提供	やや不得意	確認が必要なレベル
創造的活動	やや不得意	人間が得意
創造物の評価	不得意	人間が得意
要約・翻訳	得意	生成AIが圧倒的に得意
文章の作成	得意	人間が元となるデータを提供

AIの展望（ビジネスに与える影響）

　さて、これまで生成AIに関して主にAIの技術的な側面からアプローチしてきましたが、実はここから派生することとして次の点にも注意が必要となります。

著作権

　著作権問題はAI思考の要素である倫理でも記載しましたが、多くの生成AIではインターネット上の情報などを使用した事

前学習を行っています。この事前学習のデータに著作権に関わる問題を含んだデータが混じっていると、著作権侵害などの法的な問題を発生させる可能性がありますので注意が必要です。

　著作権の保護の歴史は非常に古く、15世紀中頃の印刷術の発明に始まるといわれていますが、実は国・地域によりかなり異なります。また、AIによる著作権に限っても同様に異なります。そしてその中でもかなり特殊な状況となっているのが実は日本です。

　日本では著作権者の許諾を得ずとも、AIに関連する著作物を使った学習が広く認められています[23]。一方、海外では何らかの制限を設けており、違いがあります。日本ではAIの学習は自由といえますが、AIの「生成」が適法とは限りません。AIの学習データから生成されたコンテンツは、著作権侵害に当たることがあります[24]。

　一見すると日本ではAIが使いやすい環境と考えることもできますが、逆に考えると日本の考え方でAIを使用することは、むしろリスクと捉えることもできます。日本の法規制の感覚でインターネット上のデータを収集し学習データとして使用すると、他国では著作権法違反とみなされ、場合によっては損害賠償請求が発生したり、企業イメージの失墜に繋がったりするリスクがあります。AIの利用は、インターネットとは切っても切れない関係性がありますので、各国法規制を正しく理解した

対応が必要になります。

倫理

「バイアス」の一種として倫理上の問題もあります。事前学習で使用したデータに倫理的な問題を含んだデータが含まれている場合や、ハルシネーションにより倫理上問題のある回答を行うことがあります。

　最新版の生成AIにおいては、有害コンテンツや偽情報を生成させないための倫理対策が実施されているため、一定レベルの倫理は保たれています。しかし、その普及に伴い、倫理対策がますます重要となってきます。生成AIの開発者と利用者の双方が直面する倫理的な課題について検討し、対策を講じる必要があります。

　開発者が直面する課題としては、データの偏りとバイアスの排除、透明性と説明可能性、プライバシーの保護があります。データの偏りとバイアスを排除しなければ、AIの学習データに偏りが生じ、不適切な結果や差別的な予測が生じる可能性があります。そのため、開発時には多様なデータソースを利用し、バイアスを最小限に抑えることが求められます。透明性と説明可能性については、生成AIの決定プロセスを説明し、利用者が理解できるようにすることが、信頼性の向上につながります。開発者は、AIシステムの透明性と説明可能性を確保し、信頼性を高めることが求められます。さらに、プライバシー保護の観点から、個人情報を取り扱う生成AIに対して、開発者は適

切なプライバシー保護策を講じる必要があります。データの匿名化やセキュリティ対策の強化なども求められます。

　利用者が直面する課題としては、不正確な情報の拡散や人権侵害が挙げられます。不正確な情報の拡散とは、生成AIが誤った情報やフェイクニュースを生成するリスクがあることを意味します。そのため、利用者は、情報を引用・転載する場合、情報の真偽を確認し、正確な情報を扱う責任があります。

　人権侵害については、生成AIを利用することで個人のプライバシーや名誉を侵害しないよう、利用者にはAI技術を適切な目的で使用することが求められます。AIが人権侵害を行っていることを認識した場合、利用者は直ちに問題のあるAIの使用を停止し、開発者や提供元に問題を報告した方が良いでしょう。これにより、開発者や提供元は問題を解決し、将来の人権侵害を防ぐための改善策を講じることができます。人権侵害が深刻な場合は、法的手段の検討も必要となります。場合によっては弁護士や専門家に相談することも必要となります。

　倫理を含めた生成AIに対するAIの抱えるさまざまな課題に関し、AI大手は次のような対応を始めています。

・Microsoft：Microsoft の責任ある AI の基本原則[25]
・Google Cloud：責任ある AI への取り組み[26]
・Salesforce：「信頼できる AI の原則（透明性、公平性、責任、説明責任、信頼性）」[27]

とは言え、生成AIに非常に多くのデータを学習させ、ファインチューニングを施すことで非常に優秀な回答を得ることができることは事実ですので、これらのリスクを理解しつつ、利用することが大切になります。

情報セキュリティ

　ビジネスシーンにおいて生成AIを使用する際には情報セキュリティに配慮することが必要となります。多くの場合はクラウドのようにあらかじめ用意された生成AI環境を使用することになると思いますが、その際には次のような点への考慮が必要となります。

A.著作権
B.各国法規制（利用制限、利用ルール、プライバシー、個人情報など）
C.通信経路の安全性
D.学習

　著作権・各国法規制は先ほど記載した通り法的なルールですので、生成AIに限らずビジネスシーンでは考慮することが当然ではありますが、生成AIを使用する際には少々面倒な面があります。生成AIの特徴である「事前学習」の中にルールを侵害したデータが含まれている場合があるからです。事前学習データの一つひとつが公開されることはほとんどありませんし、膨大なデータの一つひとつをユーザーが確認することは現実的

には不可能です。そのためクラウド上の生成AIのように、あらかじめ用意されたサービスを使用する際には、提供者のコンプライアンス遵守に対する姿勢を確認することが必要となります。

　通信経路の安全性は生成AIに限らず、ネットワークを介したサービスを使用する際には十分な配慮が必要なことです。ここでは詳しく論じることは避けますが、HTTPSやVPN、専用線を使用することで通信経路の安全性を確保することが必要です。

　最後に「学習」です。多くの生成AIではユーザーが提供するデータを学習することで自ら進化する仕組みになっています。学習自体は決して悪いことではありません。特定用途、自社専用など目的、用途が限定されている場合にはむしろ積極的に学習させることでより良いAIを使用できます。
　一方で学習データが第三者に利用されることや、データ提供・共有を認めていないユーザー間で使用されることは避けるべきです。企業専用AIで企業内のみ、一定の資格を持った社員が使用する場合には機密情報など入力、学習させることは問題ありません。しかし、企業内でも部外秘などのデータを学習し、本来アクセスする権利がない他部門・社員がそのデータを使用してしまうことは企業としての情報漏洩につながります。

　企業が取引先やお客様から得た情報も同様です。学習自体は

問題ありませんが、学習したデータを第三者が知らないうちに使用してしまうことが、情報漏洩、個人情報などのプライバシー問題等を引き起こす可能性があります。

　以上のように「学習」に関しては生成AI利用、選定時には十分な配慮が必要となります。とくにパブリックな生成AI、たとえばChatGPTのようなものを利用する際には、十分な配慮が必要です。

　もっとも、よく考えてみればGoogleやBingのような検索エンジン利用時もこれは同じです。利用前には「利用規約」をきちんと確認し、学習の有無、学習データの扱いを確認することが大切です。また、最近ではオプトアウト（Opt Out）と言われる学習の拒否やデータの削除を求めることが可能となっているサービスもあります。

　ここまではAIの特徴、注意点を中心に議論してきましたが、これからのビジネスシーンではAI抜きに考えることはできず、むしろ「AIファースト」の思考に変換することが大切になると考えています。

　従来のビジネスの変更や新しいビジネスを考える際にはまず、AIは活用できないか？　という思考を持つことで、従来では実現できなかった「スピード」「効率化」「生産性向上」が期待できると考えています。

　たとえば次のような使い方が考えられます。

・定型業務の効率化

　会議の議事録の作成、決まった質問にメールで返答する、複雑なデータの可視化、文章の要約、校正といった定型業務は多くの人が行っています。このような定型業務は、生成AIにより大幅に効率化できる可能性があります。また自動化もできる可能性があります。これにより、人間は生成AIにはできない人間同士のコミュニケーションや創造的な業務に専念できるようになります。

・クリエイティブな活動の補助

　たとえば、会社のスタッフが、広告キャンペーンを展開する

図 2-17　AI によるクリエイティブな活動の補助

とき、「XXXに最高のシーンを教えて」とテキスト生成AIに尋ねることで、さまざまなアイデアを提案してもらうことができます。それだけで最終アイデアとして提案できるとは限りませんが、アイデアを考える時に何もないところで、自分で考えるよりも、生成AIの提案をもとにして考えることで、短時間で、漏れの少ない企画を立てることが可能になります。

・コンテンツの即時作成

　社内でもさまざまなコンテンツを制作しなければならない業務があります。たとえば、パンフレットをつくるのであれば、特徴をわかりやすく解説した文章、性能が一目でわかる表、グ

図2-18　AIによるコンテンツの作成

ラフ、イメージを膨らませるためのコンテンツ作成が必要になります。従来は、このようなコンテンツを制作するのに、専門家が必要でした。また作成までに長い時間を必要としていました。しかし、生成AIを使うと、このような専門家が必要なくなり、すぐに質の高いコンテンツを生成できるようになります。修正も非常に簡単であるため、社員の意見を取り入れて修正することで、質を高めることが可能になります。

2023年9月に世界経済フォーラムの最新の白書「明日への仕事：大規模言語モデルと仕事[28]」が発行されましたが、ここでも同様に定型業務の生産性の向上について言及されています。

AIとの付き合い方

　本Chapterでは「AIの基礎知識」というテーマでAIの歴史、仕組み、注意点、ビジネス利用から今話題の「生成AI」について考えてみましたが、AIは人間を超えるものではありませんし、頭脳労働に関して取って代わるものではないと考えています（Chapter 1のAI失業で紹介したような反復業務は別）。むしろ、人間と共存し伴走してくれる仲間としてAIと付き合っていくことが、これからのビジネスでは非常に重要になってくると考えています。

分野	知的活動	創造的活動
テキスト	添削・構成・要約	対話・洗い出し・アイデア
プログラム	チェック・修正	作成・開発
画像・動画	ゴミ除去・高精細化	変換・画像、映像作成
音声・音楽	ノイズ除去・高品質化	変換・作曲・編曲

図2-19　生成AIができること

　上の表のように生成AIができることを整理してみると、これまで人手による業務、さらに言えば従来型AIでは実現が困難であった「知的活動」と「創造的活動」に生成AIの強みがあると考えます（この表の創造的活動は、今までの説明と矛盾するように感じられるかもしれませんが、人と伴走することを前提としています）。

　特に「知的活動」はこれまで人間が行うことが「当たり前」とされてきましたが「生成AI」を使用することで「定型業務」として処理することができるようになります。一方で「創造的活

動」では、生成AIは「補助的機能」として活用することが可能です。ここからわかることは、人間はより創造的な仕事へシフトすることができるということです。

　現代社会、とくに日本では労働人口の減少、人手不足が深刻化しています。その際、限られた人的リソースの中でビジネスを効率的に進めていくためには、AIを仲間として迎え入れることで、従来人手で処理をしていた「知的活動」をAIに任せ、人間でなければできない「創造的活動」により注力していくことが必要になると考えます。
「創造的活動」において、一人で活動し、アイデアを出すこと

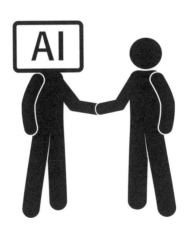

図 2-20　AI と人間との付き合い方

はなかなか難しいことですし、よくある「アイデア出しの会議」も必ずしも効率的ではなく、ただ集まるだけになることも多かったと思います。また生成AIが人間と対話してくれることで、一人当たりの労働生産性の向上が期待できます。

　そして生成AIの特徴である事前学習した膨大なデータからは、一人では思いつくことができなかったアイデアや会議では出てこない意見を得ることができる可能性があります。しかもAIは人間と違い、いつでも、どこでも、必ず相手をしてくれ、「リアルタイム」に「回答」してくれます。回答は必ずしも「正解」でありませんので、人間が最終的に判断することが必要にはなりますが、アイデアゼロ、何も進まないことと比較したら雲泥の差です。

4 | 世界のAI事情

国際動向

　企業が生成AIを安全に業務で活用するためには、海外のAI動向を理解し、生成AIの社内ルールを作成する必要があります。ここでは主に、日本、米国、欧州を中心とし、それ以外の地域の情報もできるだけ記載します。

【日本】

　日本ではAIの利活用に関する直接的な法律はありませんが、2023年5月の広島サミットでは「広島AIプロセス」[29]が採択され生成AIを中心としたAIの国際ルール作りが始まっています。そして、これを受けて次のような論点整理を行っています。

・AI戦略会議「AIに関する暫定的な論点整理」[30]（内閣府 2023年5月）
・知的財産戦略本部「知的財産推進計画2023」[31]（内閣府 2023年6月）

　これ以外にもAI利用に関して次のようなガイドライン等が発表されています。

・「AI原則実践のためのガバナンス・ガイドライン Ver.1.1」（経

済産業省）（2022年）
・「AI利活用ガイドライン～ AI利活用のためのプラクティカル
　リファレンス～」（総務省）（2019年）
・「人間中心のAI社会原則」（内閣府）（2019年）
・生成AIサービスの利用に関する注意喚起等について（個人情
　報委員会 2023年6月）[32]

　民間からも次のような宣言、ガイドラインが公開されていま
す。

・「AI活用による Society 5.0 for SDGs の実現に向けて」（日本経
　済団体連合会 2023年6月）[33]
・「生成AIの利用ガイドライン」[34]（日本ディープラーニング協
　会）（2023年）

　これらに共通している内容・論点は主に次の点です。

4つの論点
①生成AI利用は今後とも必要
②信頼できる、説明責任の果たせるAI
③倫理的側面からの考慮・配慮
④著作権など周辺法、権利への配慮・環境整備

【米国】
　米国では、AI権利章典（Blueprint for an AI Bill of Righ

ts）[35] において、AIを含んだ自動化されたシステム（Automated Systems）を開発する際の非拘束的な5つの原則が公開されています。

　この権利章典はAIを含む「自動化システム」を構築し、ガバナンスする際に、米国国民の人権を保護しつつ民主主義的価値を推進するための政策および実践方法の開発のサポートを目的としています。既存の法令や規則を修正したりするものではなく、法的拘束力はありません。

5つの原則
①安全で効果的なシステム・ユーザーは、安全でないシステムもしくは効果のないシステムから保護されるべきである。
②アルゴリズム由来の差別からの保護
　ユーザーはアルゴリズム由来の差別を受けるべきではない。システムは公平に機会を提供する方法で利用および設計されるべきである。
③データのプライバシー
　ユーザーは、組込みの保護機能を通じて不正なデータから保護されるべきであり、自身に関するデータがどのように使用されるかを知る権限を持つべきである。
④ユーザーへの通知と説明
　ユーザーは自動化システムが使用されていることを知り、それが自身に影響を与える結果にどのようにして、またなぜ寄与するのかを理解するべきである。

⑤人による代替手段、配慮、フォールバック

　ユーザーは必要に応じて自動化システムの使用をオプトアウトすることができ、問題が生じたときに、その問題を迅速に解決できる担当者に連絡ができる手段を持つべきである。

　そして、その後、次のような具体的な動きがあります。
・商務省電気通信情報局（NTIA）AI Accountability Policy Request for Comment[36]（2023年4月）
・米国著作権局（USCO）：AIに関する情報提供要請（Notice of Inquiry：NOI）[37,38]（2023年8月）
・米国土安全保障省（DHS）：人工知能（AI）の責任ある利用に関する新たな政策[39]（2023年9月）

　特筆すべき動きはホワイトハウス主導で行われているAI企業との合意です。

　2023年7月にはAI企業7社（Amazon、Anthropic、Google、Inflection、Meta、Microsoft、OpenAI）と「安全で透明なAI技術開発をすること」を合意[40]し、話題となりましたが、続いて9月にはAI企業8社（Adobe、Cohere、IBM、Nvidia、Palantir、Salesforce、Scale AI、Stability）とも合意しています。

主な取り組み：
①AIシステムの公開前に内部および外部のセキュリティ・テストに取り組む。

②AIのリスク管理に関する情報を産業界や政府、市民社会、学術界と共有する。

③AIシステムの中でもっとも重要な部分である非公開のモデルの重みを保護するために、サイバーセキュリティと内部脅威対策に投資する。

④AIシステムにおける脆弱性の発見と報告を第三者が容易に行えるようにする。

⑤AIが生成したコンテンツであることをユーザーが認識できるように、ウォーターマーキングシステムなどの堅牢な技術メカニズムの開発に取り組む。

⑥AIシステムの能力、限界、適切なおよび不適切な使用領域について公開的な報告を行うことを約束する。

⑦有害な偏見や差別を回避し、プライバシーを保護するために、AIシステムがもたらす社会的なリスクに関する研究を優先する。

⑧社会の最大の課題に対処するために先進的なAIシステムを開発・展開する。

　議会などでは法規制の動きもあるようですが、現時点ではホワイトハウス主導による自主規制が中心です。

【欧州】

　欧州連合（EU）では2021年頃から議論が行われてきたAI利用に関する規制案「AI法案（Artificial Intelligence Act）[41,42,43]」が2023年6月に採択されています。現時点では採択で

あり、今後調整が行われ、合意が行われることで正式に発効されます。

　AI利用の規制案は2021年から議論されていましたが、生成AIの急激な進化、普及に対応し、生成AIの内容も盛り込まれています。

　規制の基本思想としては他のEU関連の規制（例：EU一般データ保護規則：GDPR[44]）と同様に域内における人権や自由の確保が最優先であり、技術は人間中心であるべきという考えが重要となっています。そして以前から「信頼できるAIに関する倫理ガイドライン[45]」があります。

信頼できるAIに関する倫理ガイドライン
①人間の主体性と監視（human agency and oversight）
②技術的な堅牢性と安全性（technical robustness and safety）
③プライバシーとデータガバナンス（privacy and data governance）
④透明性（transparency）
⑤多様性、無差別、公平性（diversity, non-discrimination and fairness）
⑥社会と環境に対する健全性（social and environmental well-being）
⑦説明責任（Accountability）

実際の規制は、「リスクベースのアプローチ」となっていて「リスクレベルと規制、要求事項、義務」などがあります。

リスクレベル	規制	例
許容できないリスク	禁止	明確な人権侵害
ハイリスク	強い規制 事前適合性評価	産業機器、医療域、顔認識、重要インフラ、公共サービスなど
限定的なリスク	弱い規制 情報・透明性義務	チャットボット、コンタクトセンター、ディープフェイクなど
最小リスク	規制なし	ゲーム、スパムフィルターなど

「基盤モデル（Foundation Model）」に対しては、次のような特有の要求事項があります。

・基本思想（健康、安全、基本的権利など）に対するリスクを開発前、開発中からコントロールする
・開発者の法令遵守に必要な技術文書を用意する
・ハイリスクのAIシステム同様、データベース登録、透明性の義務を遵守する

　そして、AI以外のEUの規制でも同様であり、特徴にもなりますが適用範囲と罰則には注意が必要となります。

適用範囲
・EU圏を対象に市場投入されるAIとその提供者、展開者が対象

- EU圏の者にAIシステムまたはそのアウトプットを提供する
  AIおよびその提供者に対しても、当法案は適用

　注意が必要なのはアウトプットのみの提供でも適用対象となる点です。つまり、AIシステムの提供は行っていなくても、EU圏に提供するアウトプットの生成過程でAIシステムを利用しているようなケースも適用対象となります。異なる表現をすれば、EU圏外でAIを使用していても、そのアウトプット、サプライチェーンを経由してAIの結果がEU圏に提供された場合には適用範囲となることです。

罰則
- 受容できないAIに関する禁止事項（第5条）への違反：4,000
  万ユーロまたは全世界売上高の7%の高い方
- ハイリスクAIに関する要求事項（第10条、13条）への不遵
  守：2,000万ユーロまたは全世界売上高の4%の高い方
- 上記以外の要求事項・義務の不遵守：1,000万ユーロまたは
  全世界売上高の2%の高い方

　1,000万ユーロは日本円に換算すると16億円（執筆時点）となり、最低でもGDPRの制裁金よりも高い（厳しい）設定となっています。

　補足となりますが規制だけでなく「イノベーションの支援」もありますので、EUはAI利用に反対というわけではないこと

もご理解ください。

【中国】

中国ではすでに規制が開始されています。

・国家インターネット情報弁公室（CAC）：生成AIサービス管理暫定弁法（2023年8月）

概要
・24の条項から構成
・中国本土に対するサービスへ適用
・生成AIの開発・提供元だけでなく、提供されたAI機能、APIなどを経由して提供したものも含まれる
・法律および行政法規を遵守し、社会道徳および倫理を尊重することが必要

中国の場合には注目すべき点はやはり国家体制との関係です。第4条、第17条ではその詳細が記載されています。

第4条
①社会主義の中核的価値観を堅持し、国家権力の転覆を扇動し、社会主義制度を転覆し、国家の安全と利益を危険にさらし、国家イメージを傷つけ、脱退を扇動し、国家統一と社会の安定を損ない、テロリズム、過激主義を促進してはならない。民族憎悪、民族差別、暴力、わいせつ、虚偽の有害な情報、

法律や行政規制で禁止されているその他のコンテンツを助長するものを含む。

②アルゴリズムの設計、学習データの選択、モデルの生成と最適化、サービスの提供の過程において、民族、信条、国籍、地域、性別、年齢、職業、健康状態等に基づく差別を防止するための効果的な措置を講じる。

③知的財産権と企業倫理を尊重し、営業秘密を守り、アルゴリズム、データ、プラットフォーム等を利用して独占や不正競争を行わない。

④他者の正当な権利と利益を尊重し、他者の身体的および精神的健康を危険にさらさず、肖像、評判、名誉、プライバシーおよび個人情報に対する他者の権利を侵害しない。

⑤サービスタイプの特性に基づいて、生成人工知能サービスの透明性を向上させ、生成されたコンテンツの精度と信頼性を向上させるための効果的な措置を講じる。

第17条

①世論属性または社会動員機能を備えた生成型人工知能サービスを提供する者は、関連する国家規定にしたがって安全性評価を実施し、「インターネット情報サービスアルゴリズム推奨管理規程」にしたがってアルゴリズムの登録および変更・登録抹消の手続きを行わなければならない。

　ここからわかることは、事実上の言論統制であり、欧米の生成AIは事実上中国では使用できないということです。中国の

言論統制は今回がはじめてではありませんので、特段驚くような内容ではないのですが、生成AIは世の中を大きく変えるという意味では、中国政府も注目しているということがこの規制から読み取ることができます。

中国で使用できないサービス例
・Google(検索、地図、メール、YouTube)
・Yahoo!検索
・Instagram
・X(旧Twitter)
・Facebook
・LINE
　上記以外にもAWS、Microsoft Azure、Microsoft 365なども中国は専用環境が提供されています。

【その他】
イギリス：AI規制政策文書（AI Regulating）[46]（2022年7月）
シンガポール：AIガバナンスモデルとA.I Verify Foundation（Singapore's Approach to AI Governance）[47]（2022年1月）

　さて、ここまで各国のAI規制等に関する動向を紹介してきました。規制の詳細、法的解釈の正確な部分は各国の弁護士、裁判所等の専門家にお任せすることにして、規制のタイプとしては米国スタイルとヨーロッパスタイルの2種類に分類されます（中国は国家体制が異なるため、ここでは除外）。

・米国スタイル：ソフトロー（法的拘束力は緩く、規範など）
・ヨーロッパスタイル：ハードロー（法的拘束力のある法律など）

　日本政府の現状は、法規制がないという観点においては「米国スタイル」になっているということもわかります。

　このようなスタイルの違いはAIに限定されず、これまでの各種法規制、企業ガバナンスでも同様の傾向があります。最終的なグローバルのAI規制の標準がどうなるかは今後も検討が続いていきますし、各国政府の思惑もあるため、唯一絶対の解を求めるのは困難です。
　ビジネスを進めていく上では、それぞれの規制方針、考え方の違いを理解した上で実際のビジネス戦略、AI戦略を立案・実行していくことが必要です。

生成AIの先にあるもの

　AI進化、期待は生成AIで終わりではありません。その先には「AGI（汎用性人工知能／ Artificial General Intelligence）」というものがすでに考えられています。AGIとは人間のような汎用的な知能を持つ人工知能を指し、さまざまなタスクに対して人間と同等の知識や能力を持ち、独自の学習と問題解決が可能です。AGIの特長としては次のようなものが挙げられます。

AGIの特徴

・汎用的な能力

特定の領域に特化しているわけではなく、さまざまなタスク
や問題に対応できる能力を持っており、多様な知識やスキル
を駆使して活動できます。

・学習能力

AGIは経験から学習を行い、新たな情報やデータを取り入れ
て自己進化することができるため、状況に応じた適切な対応
や問題解決が可能です。

・意思決定

AGIは独自の判断や意思決定を行うことができます。複雑な
情報を分析し、最適な選択肢を選び出す能力を持っていま
す。

　ChatGPTの開発元であるOpenAIは当初から「AGI（Artifici
al General Intelligence：人工汎用知能）」と呼ばれる究極のAI
開発をそのミッションとしていました。そしてAIブームのな
かでOpenAI社のCEOであるサム・アルトマン氏は、2023年
2月24日に「汎用人工知能（AGI）についての展望」というロー
ドマップを発表しています[48]。

　アルトマン氏はAGIを「一般的に人間より賢いAIシステ
ム」と定義し、「人間の知性を超えた存在を成功させることは人
類史上、最重要事項である。希望に満ちてはいるが恐ろしいプ
ロジェクトであり、AGIには誤用、劇的な事故、社会的混乱な

どの深刻なリスクが伴う。それでも利点が非常に大きい」としています。いずれにしてもAGIの開発を停止することは不可能であり「社会と開発者は正しく開発する方法を見つけ出さなければならない」とも述べています。

　その中ではOpenAIは短期計画として以下の3つを挙げています。

・AIモデルの現実世界への展開では、ユーザーとユースケースを注意深く監視し、維持する。
・AIモデルの展開で、「初期設定」は制限し、各ユーザーによる調整を可能にしていく。
・システムの管理方法やシステムが生み出す利益を分配する方法、システムへのアクセスを公平に共有する方法という3つの問題についてグローバルな対話をしていく。

　→長期的には、「人類の未来は人類が決定すべき」であり、AGI構築については公開協議が必要だと主張しています。

　AGI開発の進捗が現在のペースで続けば、「大きな変化が驚くほど早く起こる可能性」があり、「世界は現在とは大きく変わる可能性があり、そのリスクは計り知れず」、「世界に深刻な害を及ぼす可能性がある」と言われています。そのため、「重要な分岐点で減速する調整が重要」で、人間社会にはAGIに「適応するための十分な時間を与えることが重要だ」としています。

そしてその後、AIのガバナンスに関する声明も発表しています[49]。

　これらの発表を読む限りでは、AGIを作り出すことは技術的には可能になりつつあるが、そのスピード・変化に対して人類・社会が追従することが難しいと考えているのではないかと思われます。

　実際、AIガバナンスの声明では「AIが今後10年以内に多くの分野で専門家のレベルを超える非常に高い能力を持つことになり、人間社会が持つ環境問題や社会問題を解決する一助となる一方で、悪用によるリスクがある。国家間の連携による適切な管理が必要」とコメントし、次の提案を行っています。

①主要な開発者や企業間における調整強化
②国際原子力機関（IAEA）のような国際的な管轄機関の設置
③超知能の安全性確保のための技術的能力

　当初OpenAIは非営利企業であり、純粋にAI・AGIの研究を進めていました。しかし、経営権のトラブル（かの有名なイーロン・マスク氏が設立時には資金提供をしていたが、経営権を巡って脱退）や資金繰りのために、OpenAIを営利企業とし、非営利企業は子会社としました。

　OpenAIは大規模言語モデルであるGPTを開発し、現在のAIブームの火付け役となりましたが、必ずしもAGIの実現にはつながっていません。ビジネスでの成功が求められること

により、彼らが当初思い描いていたAIの進化、AGIの実現とは異なり、自らコントロールできない、予想していない状況に陥っている可能性もあると考えています。

　一方で以前からAIの分野においては「シンギュラリティ（技術的特異点／Singularity）」と言われる「AIをはじめとする技術が人間よりも賢い知能を生み出せるようになる時点」が話題となっていますが、これがいよいよ現実味を帯びてきたとも考えられています。いつシンギュラリティが来るのかはいくつかの意見がありますが、現在、もっとも注目を集めているのはレイ・カーツワイル氏の著書『The Singularity is Near（邦題：ポスト・ヒューマン誕生）』[50]で予測している2045年です。

　シンギュラリティが本当に来るのかは誰もわからないことですが、従来では考えられなかった高度な知能の実現が現実的になってきていることは事実です。今回の生成AIブームを機に企業ではAI思考を取り入れ、ビジネス活動に取り入れていくことを真剣に検討すべき時期に来ていると思います。

　本Chapter後半で述べてきた倫理的・法的・社会的な課題はELSI（Ethical, Legal and Social Issues）というキーワードで、従来議論が進められてきたものです。今までは、ELSIは原則論でしたが、これからはELSIを実践するフェーズへと移行します。

主な項目	ELSIの論点イメージ
モデル構築時	・著作権問題・プライバシー侵害 ・訓練時の電力等の消費による環境影響
モデルの悪用	・モデル構築時の労働問題 ・危険物、軍事兵器等への利用 ・サイバーセキュリティ ・嘘、デマの拡散・プロパガンダ ・有害コンテンツ
モデルの誤用	・ハルシネーション ・擬人化 ・情報漏洩
社会への影響	・データ汚染 ・バイアス ・教育への影響 ・創作への影響 ・民意形成への影響 ・労働者の置き換え
未来への懸念	・AGI（Artificial General Intelligence）、 超知能（Super Intelligence）の問題

Chapter 2では「AIの基礎知識」としてAIの歴史、用語、技術を整理し、その利用方法について書いてみましたが、皆さんの感想はいかがでしょうか。AI自体は決して新しいものではなく、長い歴史を持ち、さまざまなアイデアが以前からあったものが、IT技術の進歩、環境の変化により、やっとビジネスの世界でも当たり前に使えるようになってきたところです。

そして、AIは単なる技術ではなく、世の中の仕組みまでも変えていくものであり、日々進化、変化を遂げているところです。ビジネスシーンにおいてもまずはAIが使えないか？　という「AI思考」の考えを持つことで継続的な改善を行いつつ、活用していくことが、成功への近道であること考えます。

AIを組織・個人へ
実装する

Chapter **3**

1 | 企業のAI利用状況

　Chapter 3では「機械学習やディープラーニング・ファンデーションモデルによるAIをビジネス組織・ビジネスパーソンへ実装する」というテーマでこれからのAI活用について考えていきます。これまでのChapterでは、「AI思考」および「AIそのもの」について紹介してきたので、AI思考をどのように実践していくかをご紹介します。

　前半ではビジネス組織という大きな単位でのAI実装について解説します。ぜひ、皆さんの組織でのAI利活用のヒントにしていただければと思います。

　後半では個人という小さな単位でのAI実装について解説します。組織への実装が難しい方も、まずは個人単位でAIを活用していただき、将来的には組織へのAI導入を促進していただければと思います。

　実践の前にAIの利用状況を整理しておきます。IPA（情報処理推進機構）の『DX白書2023』によると「日本企業はAI導入率（「全社で導入している」「一部の部署で導入している」の合計）（図3-1）が22%であり、同40%である米国企業とは、2021年度調査同様に差が大きい」ことが分かります。

また後述のAIの導入課題において、日本は「自社内でAIへの理解が不足している」、「AI人材が不足している」などが、導入が進まない要因として考えられる[51]ことが紹介されています。

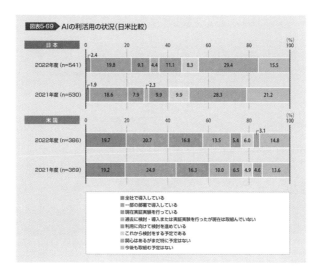

図3-1 『IPA DX白書2023』331ページより引用

　従業員規模別のデータ（図3-2）によると、AI導入が行われている割合は従業員規模が大きい会社ほど高く、内訳をみると一部の部署の導入が多いことがわかります。

　導入目的別（図3-3）には日本では「生産性向上」、「ヒュー

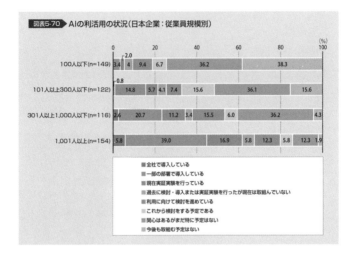

図 3-2 『IPA DX 白書 2023』332 ページより引用

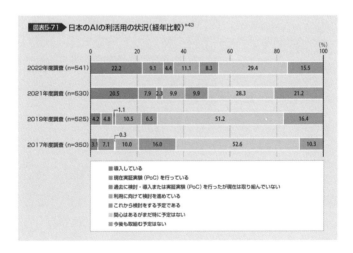

図 3-3 『IPA DX 白書 2023』334 ページより引用

マンエラーの低減、撲滅」、「品質向上」となっていることから、AIは新たなビジネスの創出よりも、現状の改善目的で導入されていることがわかります。

　そして、本Chapterのテーマである AI導入の課題に関しては、

✓米国の回答率が高いものについて、日本との差が大きいものは「顧客・取引先でAIへの理解が不足している」、「経営者の理解が得られない」、「AI技術を信頼できない」が挙げられ、経営者や顧客の理解に関するものとなっています。
✓日本の回答率が高いものについて、米国との差が大きいものは「AI人材が不足している」、「AIの導入事例が不足している」、「導入効果が得られるか不安である」であり、AI人材や導入の意思決定に関する項目が上位となっています。

　このことから、AI導入には組織的な課題が多いことがわかります（図3-4）。

　一方で、本書が主として扱っている「生成AI」を活用することは、従来のAIとは大きく異なり、利用のハードルが低く、誰でも使用することができるため、従来とは異なった視点が大切になります。

　経済産業省の「生成AI時代のDX推進に必要な人材・スキル

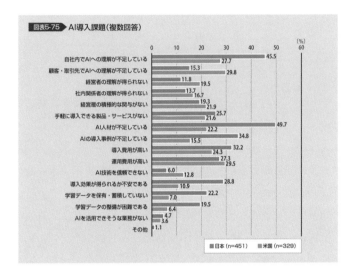

図表5-75 ▶ AI導入課題（複数回答）

項目	日本 (n=451)	米国 (n=329)
自社内でAIへの理解が不足している	45.5	27.7
顧客・取引先でAIへの理解が不足している	15.3	29.8
経営者の理解が得られない	11.8	19.5
社内関係者の理解が得られない	13.7	16.7
経営層の積極的な関与がない	19.3	21.9
手軽に導入できる製品・サービスがない	25.7	21.6
AI人材が不足している	49.7	22.2
AIの導入事例が不足している	34.8	15.5
導入費用が高い	32.2	24.3
運用費用が高い	27.3	29.5
AI技術を信頼できない	6.0	12.8
導入効果が得られるか不安である	28.8	10.9
学習データを保有・蓄積していない	22.2	7.0
学習データの整備が困難である	19.5	6.4
AIを活用できそうな業務がない	4.7	3.6
その他	1.1	

図 3-4 『IPA DX 白書 2023』337 ページより引用

の考え方」[52] では次のように述べられています。

「企業の視点では、生成 AI の利用によって DX 推進を後押しすることが期待され、そのためには経営者のコミットメント、社内体制整備、社内教育の他、顧客価値の差別化を図るデザインスキル等が必要となる」とあり、さらには「まずは生成 AI を使って何ができるか把握すること、その上で、業務改善を超えて、組織全体におけるビジネスプロセスや組織の変革にまで繋げていくことが重要となる」とあり、従来の AI 導入以上に、組織全体での取り組みが必要であることが強調されています。

2 | AI導入に向けて

【組織編】AI ≒ DX のワナ

　最近のビジネス現場におけるデジタル活用といえば、DX（デジタルトランスフォーメーション）を想起する方が多くいらっしゃるかと思います。AIをビジネスへ導入していく過程において、DXは切っても切れない関係ですし、DXを意識することでAIの活用効果を最大化することも期待できます。一方で、DX=AI導入と勘違いしてしまうと思わぬワナにハマる可能性があります。そこで、初めにDXとAIの違いを明確にします。

　経済産業省が発行する「デジタルガバナンス・コード2.0[53]」によると、DXとは「企業がビジネス環境の激しい変化に対応し、データとデジタル技術を活用して、顧客や社会のニーズを基に、製品やサービス、ビジネスモデルを変革するとともに、業務そのものや、組織、プロセス、企業文化・風土を変革し、競争上の優位性を確立すること。」と定義されています。

　少し長いので、簡単に要約すると「データとデジタル技術を活用して、ビジネスを変革していく」ということです。この定義を紐解いていくと、データとデジタル技術を活用することは手段であり、ビジネスの変革が目的であるといえます。

そのため、まずはDX実現において、「何を目的とするのか」、「未来において自社はどうありたいか」を考え抜くことが重要です。DX実現においては、AIはあくまでソリューションの一つであり、DXにおける最適解かどうかは十分に吟味する必要があります。この理解がないと、DXとAIを短絡的に結び付けてしまい、AIを導入することがDXだと誤解する危険性があります。これでは、自社事業の抜本的改革という本来目指すべきDXが達成できず、ただ最先端技術の利活用を行ってみたものの本来の課題解決にはつながらない、誰も利用しないデジタル技術の導入につながってしまいます。

　DXと対比すれば、AIはデータとデジタル技術を組み合わせた手段です。

　AIを利用する目的を明確に定め、手段として機械学習やディープラーニング・ファンデーションモデルなどのAI技術を適切に選定すれば、AIはビジネスを変革していくことが期待できます。

✓あるマーケティング会社では、機械学習やディープラーニングなどのAIを用いて、膨大なデータ分析を行った結果、あらゆる顧客へパーソナライズされた広告を出せるようになり、売上増加を成し遂げた事例があります。
✓ある製薬会社では、同じく機械学習やディープラーニング・

ファンデーションモデルのAI技術を創薬の現場で活用し、従来の創薬プロセスと比べ成功確率の改善や効率化を促進し、創薬の現場を大きく変えた事例も存在します。（AI導入のより具体的な活用事例はChapter 4で述べます）。

AIを手段と割り切った上で、DXの目的を明確にし、実現している企業は多く存在します。また昨今のAIの急速な発展を考えると、今後ますます大きな効果を生み出すことが期待されます。

では、ビジネス組織へのAI導入は、どのように進めていけば良いでしょうか。AIは使い勝手が良く、多様な選択肢を生むので、ともすればAIありき＝手段ありきとなり、目的が不明瞭になることがあります。AI導入は、「企業の競争力強化である」という企業や事業単位の視点をもって、取り組んでいく必要があります。

次節以降では、より具体的にAI導入に向けた5つのステップと導入後の保守・管理に関するポイントや注意事項をご紹介します。

AI実装の目的・成果を設定する

まずは、AI実装の目的・成果を設定しましょう。

AIという先端技術を実装していく過程においては、短期的な目線ではなく、長期的な目線での目的の設定が重要です。

図3-5　AI導入の5つのステップと導入後の保守・管理

AIは日進月歩で進化を続けており、AIが今できることをベースにしてしまうと既存の枠でしか考えられません。AI技術の進歩も見据え、5〜10年後に実現したい「会社のあるべき姿」や「社会への貢献」を考えることが重要です。

　長期的な目線での目的設定をするには、トップダウンアプローチで経営目標を明確化し、業務プロセスの可視化、現場の改善という順で進めるのが効果的だと考えます。現場目線から課題に取り組むボトムアップアプローチもありますが、コンサルタントとしての経験から、ボトムアップアプローチでは担当者の前後の業務までしか整理しきれず、局所的改善にとどまる

ことが多いと感じています。5〜10年先の未来を変えるために
は、全社的な目線で取り組むトップダウンアプローチが効果的
だと考えます。

　一方、現場目線によるボトムアップアプローチは、具体的な
課題に取り組み、成果を見える化できることが強みです。会社
全体として、その課題を解決することがどのような経営的な影
響をもたらすのかを含めた計画を提示することで、現場だから
こそ発見している課題を解決するための目標設定ができるで
しょう。
　トップダウンアプローチでの目標設定後、ボトムアップアプ
ローチで補完することができれば、長期的目線・全体的目線を
持ちながら、細部にまで目の届く目標設定が可能となります。

　組織として5〜10年先に実現したいことの方向性が定まった
段階でより具体的に、既存業務へどのようにAIを組み込んで
いくべきか、実現したい未来に向けてAI導入がどのような成
果を生み出すかの目標を設定しましょう。
　ここで重要となるのが、現状分析です。"どうありたいか"
という未来に対して、現状を分析することで、現状と未来の
ギャップが明確になり、AIをどのように導入することで理想
とする状態へ近づけるのかを検討します。ありたい姿である未
来と現在をAIでつないでいくのです。

　具体的には、業務プロセスの可視化を実施することで、どの

ような課題が現場には存在するかを特定し、AIを駆使する期待効果を明確にします。

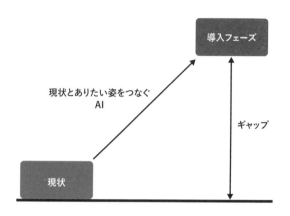

図3-6　現状とありたい姿をつなぐAIとギャップ

　たとえば製造業のある会社において、今後3年間で利益率を10%向上するという目標を掲げ、現場課題を調べたところ、「多くの商品では滞留在庫が課題となる一方で、特定商品では欠品が発生している」という事態が判明したとします。課題には「新卒採用が進まない」、「マーケティング費用の増大」等も考えられますが、経営目標の達成には本件を解決することがもっとも大きな成果を達成するという分析結果が得られたとすると、解決すべき課題は「滞留在庫の減少」と「欠品による販

売機会損失の減少」であり、本課題を解決することがAI実装の目的となります。

　大きな視点から目標と課題を設定し、課題解決を目的に据えて、得られる成果を定義することで目指すべき方向性が明確になるでしょう。

AI推進の組織を構築する

　AIを実装する目的が明確になり、AIで解決すべき課題が整理できたところで、AI実装を推進していく体制を構築しましょう。

　全社的に進めていくためには、AI専門の推進チームが必要になります。ただし、この推進チームは単に立ち上げれば良いというわけではありません。AI組織がどのようなミッションを掲げるのか・既存の組織とどのように役割を分けるのか・経営層や現場とのコミュニケーションはどのくらいの頻度で実施するのか・AI予算をどの部署が管理するのかなど考えるべきポイントが多数あります。

　AI推進を行う際に多くの組織では、以下の要因が組織化の壁として立ちはだかります。
・AI導入による効果が不明瞭
・AI導入のためのコスト
・AI人材の不足、不在

AI組織のためDXを参考にすると、「DX推進部」や「経営企画部DX推進室」といった組織を立ち上げ、役割やミッションを定義したまでは良いものの、DXを実施する現場の部門との役割・権限の実務的な調整が不十分で、現場を把握しきれないことがあります。このため企業が本来目指すDX像の実現に届かず、基幹システム刷新やSaaS導入等の手段の実現に留まってしまっているという事例が報告されています。この要因には、経営陣が組織をつくった後、外部のインテグレーターとIT部署に任せっきりになってしまったということが挙げられます。

　DXを他山の石とすると、AI組織がどのようなミッションを達成しようとしているのかを周知したうえで、AI導入を推進していくために業務を知りつくした現場担当者を巻き込み、社内横断的な推進体制を築くことが重要です。社内横断的な組織を構築することで既存組織との区別も明確になり、各現場の専門家を擁することで全体課題をより解像度高くとらえることができます。

　そのためには改めて「AI導入の目的を明確にした上で、トップ（経営）と連携すること」が重要になります。

　また推進する際、AIに関する知見が不足すると、どうしても進めていく前段階の調査や理解に想定以上の時間がかかり、想定していた結果を得られないといったことにつながります。AIナレッジを社内へ蓄積するためにも、必要時は積極的に外

AI 人材 / ベンダーと協働して導入

選択肢 1

AI 人材をスポット活用 / 既に存在

体制 イメージ	自社業務 担当者 AI 人材
メリット	・内製化のため素早く柔軟に対応可能　・自社に AI 活用のノウハウが溜まる
デメリット	・高度なスキルを持つ AI 人材の採用 / 継続的な維持が必要 ・AI 適用範囲は AI 人材の力量に依存
ポイント	ノウハウが AI 人材のみに溜まらないよう、自社業務担当者の 積極的な関与・理解度向上が重要

選択肢 2

AI 人材 / ベンダーに委託

体制 イメージ	自社業務 担当者 AI ベンダー
メリット	・ベンダーが持つ知見を活用できる　・高い AI 精度が期待できる
デメリット	・初期費用・運用保守費用が掛かる ・ベンダー理解のため、一定の導入期間を要する
ポイント	コストは掛かるが、外部知見を有効活用して安定した導入が可能。 任せきりにせず、担当者も一緒に進めていくことが重要

自社担当者のみで導入

選択肢 3

体制 イメージ	自社業務 担当者 ➡ オートマシーン ラーニングツール
メリット	・自社に AI 活用のノウハウが溜まる ・ビジネスと AI の双方を備えた高度人材の育成
デメリット	・AI 理解のための学習（育成）が必要 ・適用範囲は担当者の力量に依存
ポイント	コストは安く済むが、担当者の学習に一定の時間 / 負担をかけて 進めていくことになる点に留意

図 3-7　AI 導入時の推進体制と自社の状況を鑑みる

部のAI人材を活用することを検討してください。

　AI推進組織として一般的に考えられる推進方法は、次の3種類です。
　　　①外部のAI人材との共創
　　　②コンサルタント・ベンダーへ委託
　　　③自社担当者のみで導入

　それぞれ、図3-7のような特徴があります。自社にとって、どのような体制構築が望ましいか検討してみましょう。

　AI実装の担当メンバーは未知の技術に触れることでキャリアアップが図れる反面、まったく新しいことへチャレンジするため、精神的に負荷の高い環境に身を置くことになるでしょう。社内外から過度のプレッシャーが加わってしまうと、せっかくのAI導入という先進的な取り組みが、失敗しないための保守的な取り組みにすり替わるリスクがあります。また、通常の業務＋AI実装の推進業務をしていくことになると、会社として取り組んでいきたいAI実装に注力しきれず、期待した成果を出すことができない懸念があります。要員を割り当てるだけではなく、メンバーのチャレンジやAI実装への注力が実現できるような環境づくりも併せて重要な要素になります。

　さらに、組織ならではの特徴として、予算をどこが持つのかという観点も重要です。会社の文化や組織風土によって、事業

部ごとに予算を策定していたり、新しいAI組織で一括管理したりと状況が異なるため、唯一絶対の解は存在しません。しかし、組織を動かす上で予算をどこが握るのかということは、組織立ち上げ期において整理と周知が必要です。

これはAIに限らず、新しい技術やはじめて業務システムを導入する際にも起こり得ることです。とくに、独自に開発したAIシステムやサービスを導入するケースでは、仕様次第で大きな出費になってしまいます。しかし、AIをうまく活用できれば人件費など業務上のコストを削減できる可能性もあることを忘れてはいけません。コストの問題を克服するために重要なことは、AIを活用する業務範囲を判断し、導入効果はどこの部署が享受するのか、どこが予算を負担するか、費用対効果はどれだけかを詳細に計算することです。

参考までに弊社のDX組織立ち上げ事例を取り挙げると、基本方針としてDX組織で予算を一括管理します。DX組織は、DX実行を検討しているプロジェクト情報を精査し、効果が高そうなプロジェクトへDX人材と予算を投資する仕組みを採用し、リソースを効率的に管理しています。

DXを参考に、AI組織立ち上げにおいては、次の4つのポイントに注意することが重要となります。
　　①組織の役割およびミッションを定義すること
　　②組織内外のAI人材を積極的に活用しながらも、自社主

体で進めていくこと

③AI実装に集中できる環境を整えること

④AI実装の予算編成を明確にすること

組織内のAI資産の分析・評価を行う

AI推進体制を構築した後に実施すべきことは、現在社内にどのようなAI資産があるか分析・評価することです。

本ChapterではAI資産を3つに分類して定義します。

①すでに利用しているAIツール

②AIが適用可能な業務

③AIに活用可能なデータ

各AI資産がどの程度社内に存在するのか、実際に活用できるのかを確認・評価しましょう。

①すでに利用しているAIツール

社内チャットボットや画像解析ソフトなど、すでに社内で導入されているAIツールはAI資産となります。まだAI導入に対応できていない会社が多い中で、AI導入の実績があれば、それは大変貴重です。

すでに社内に導入しているAIツールがある場合は、当初に掲げた効果が現れているか評価しましょう。

ROI・利用率・正確性など定量的な数値はもちろん、当初設定した課題が解決されているのかという指標も分析しましょう。

さらに、組織ごとにリテラシーや受け入れの土壌が異なるため、すでにチャレンジした実績から次回はどのようなアプローチが適切になりそうかという検討もできます。

期待通りの成果を上げている場合もあれば、期待に達していない場合もあるでしょう。なぜうまくいったのか、なぜうまくいかなかったのか、分析結果を可視化することが重要です。ROIのように正確に数字を算出することは難しいかもしれませんが、目標値を設定するという意味でもAIにどれほどの予算を割いて、その結果どれくらいのリターンが見込めるのかということを、事前に試算することが重要です。

また利益や削減費用を試算する際には、AIによる直接的な効果だけでなく、「AIの導入で起こる従業員の働き方の変化」といった間接的な効果も考えてみてください。AI導入により余裕のできた従業員に任せる業務によっても、AIの効果は変わってくるはずです。

AI導入により仕事が無くなることを恐れAIに抵抗する関係者が現れることも予想されます。しかし、現代社会は人手不足であり、多くの会社が本来行いたい業務を実現できていません。そのため、AI導入により仕事が無くなるのではなく、本来行いたかった業務を実現できるという前向きな展望が持てる雰囲気作りが必要となります。

② AIが適用可能な業務

　AIを導入するためには、業務の棚卸が必要です。対象となる業務に関して、「誰が」・「なにを」・「どうやって」という観点から業務フロー、データの流れ、およびタスクを洗い出し、業務プロセスを明確にします。作成された業務プロセスを用いて、AIの適用可能性を議論します。

　AIが適用可能な業務かどうかを判断するためには「データ」・「ツール」・「パターン」という3つの要素の有無が重要です。洗い出した業務プロセスについて、AIの適用可能性を整理する際に活用します。

・データを用いた業務となっているか

　属人的な業務では、職人のような方が膨大な経験と勘に頼って行っている場合があります。これらの経験と勘をデータ化し、論理的な学習を可能にする必要があります。そのため、すでにデータがあるかどうかは非常に重要です。データがある場合、AIが適用できる可能性がある業務と判断できます。

・AIツールが存在するか

　AIが得意とする業務は、繰り返し行うルーチン業務や過去の情報を基にした情報分析です。たとえば、データの整理や分類などを繰り返し行うルーチン業務はAIを用いて、自動化するのに最適です。また、過去の情報を基にした需要予測や在庫最適化などもAIが得意とする領域です。このよう

な領域においては、AIツールが開発・市販されている可能
性があります。

・業務パターンが存在するか
　複雑な業務においてもパターンや関係性が存在し、一定程
度の業務分類ができる場合、AIが複雑な問題や専門的な知
識をサポートできることがあります。
　たとえば、創薬、医療診断、製品検査などの複雑で膨大な
パターンを考慮する必要がある場面では、AIの活用が考え
られます。

　生成AIを使用する場合には従来のAIとは大きく異なり、活
用できるシーンが大幅に増加することが予想されます。その
ためにも、生成AIに精通した人材による業務分析が重要です。

③AIに活用可能なデータ
　AIを構築するモデルを作成する段階ではデータに基づいて
学習や予測を行うため、対象となる業務に関連する豊富なデー
タが利用可能かどうかということが重要になります。そのため、
AI資産として、業務に関連するデータを評価します。
　AIモデルを構築する際に重要となるデータが「存在するか」
「正確か」「十分な量か」という観点で分析・評価をしていきま
す。

・データが存在するか

データの収集元や保管場所を特定し、アクセスが可能かどうかを確認しましょう。また、個人情報のように存在はするが利用に関する制約がある場合もあります。利用に関する制約も確認します。

・データが正確か

データが存在することは確認できたものの、そのデータが不完全であったり、不確実であったりする場合、AIモデル構築やAIのパフォーマンスに影響を及ぼします。必要な属性やカテゴリを含んでいるか、データにノイズが含まれていないかを確認します。

・データが十分な量か

一般的に大量のデータがあればあるほど、AIモデルの学習性能は向上します。また、それらのデータには偏りや不足がないことも重要です。データ量が不足している場合には、データを準備するところから始める必要があります。

以上のような観点で情報を整理し、AIに活用するデータが社内に存在するか分析することで、AI導入を迅速に進められるか分析・評価できます。

生成AIを使用する場合には従来のAIとは異なり、事前学習済のAIを「ファインチューニング」することになります。そのため、必要とするデータ量は大幅に少なくて済むとされていま

す。ファインチューニング観点では次のような目的を達成する
ためのデータが必要となります。

・自社の専門知識の反映
　　自社が持つノウハウ、独自の知識を反映させるためのデー
　タが必要となります。たとえば、自社製品、サービスに関す
　る詳細な知識、業界特有の表現、用語、自社のベストプラク
　ティスなどを学習させるためのデータが必要となります。

・最新の情報
　　自社が持つ最新の情報をAIに反映させることが必要です。
　生成AIは「事前学習」が行われているためすぐに使用できる
　ことがメリットですが、その一方で学習した時点以降の情報
　は持ち合わせていないため、最新の情報を使用することで、
　より優れたAIとなります。たとえば、自社の新製品情報や
　最新の市場動向、競合他社情報、顧客からのフィードバック
　などのデータが対象として考えられます。

・差別化・優位性の確保
　　生成AIをそのまま使用しては、同じ生成AIを使う他社と
　の差別化になりません。そのため、自社独自のデータを用意
　することが必要です。

　AIツール・業務・データそれぞれの観点から、組織内のAI
資産を可視化することが重要であるとお伝えしました。分析と

評価の過程において、すぐにAIを導入できる状況、AI化したい業務はあるがデータが不足している状況、既存のAIツールの精度が悪くより高精度なモデルへの変更が必要な状況など、組織によってさまざまなケースが考えられます。

　組織の状況を把握するために、AI資産の分析と評価を通じて、組織がすでに保有するAI資産と今後整備が必要なAI資産を明確にします。AI資産が明確になったところで、AI実装のスケジュールを調整し、整備すべき範囲やAIの活用方法を検討します。

　これまでの議論で明らかになってきたことは、AIの導入において「データ」が極めて重要だということです。自社データを適切に管理することが、今後のAI導入そして企業活動の改善、発展において不可欠です。

使うべきAIを設定する

　最近、AIといえば、生成AIが注目されています。しかし、ここまで読んでいただいた皆さんが理解している通り、AIには生成AI以外にも機械学習やディープラーニングなど多彩なソリューションが存在しています。それぞれのAIモデル・AIソリューションの詳細な特徴はChapter 2でまとめたため割愛しますが、設定した目的に対して適切なAIを選定するためのステップとAIソリューション決定までのプロセスをご紹介します。

　使うべきAIを選定するためには、以下の4つのステップが

あります。

1. 目的と要件の確認

　AIを導入する目的や業務上の要件を明確に定義します。

　具体的な業務上の課題やニーズ、期待する効果や成果を明確化しましょう。これにより、適切なAIソリューションを選定するための基準を確立できます。

2. ソリューションの調査と選定

　AIソリューション・ツール・プラットフォームなどを調査し、目標と要件にもっとも適したものを選定します。検討の際に、必要となる評価軸の具体的な例をいくつかご紹介します。

・機能

　ソリューションが提供する機能を評価します。要件に合致しているか、将来的な変更に対して対応可能かという観点で評価しましょう。 具体的には、必要なタスクや機能を遂行するための機能の有無、操作性や柔軟性、拡張性などを検討します。また、自動化や予測など具体的なAI機能がすでにある場合、それらのツールに焦点を当てて評価します。

・パフォーマンスと精度

　ソリューションのパフォーマンスと精度を評価します。実際の業務を行うにあたり、要求されるパフォーマンスを発揮する

か検証しましょう。 ベンチマーク結果やテストデータに基づいて、モデルの正確性・予測の精度・処理速度・リソース使用量などを比較検討します。

ベンチマークの一環として実施される例を示します。

✓データセットの分割

データセットをトレーニング用、検証用、テスト用のセットに分割します。トレーニング用データでモデルを学習し、検証用データでパラメーターのチューニングやモデルを選択します。最終的に、テスト用データでモデルのパフォーマンスを評価します。

✓正確性と精度の評価

テスト用データを使用してモデルの予測結果を評価します。予測結果と真の値を比較し、正確性や精度の指標（例: 正解率、適合率、再現率、F1スコアなど）を計算します。これにより、モデルの予測の正確さやクラス分類のパフォーマンスを評価します。

✓処理速度とリソース使用量の測定

モデルの処理速度やリソース使用量（例: メモリ、CPU、GPU）を測定します。モデルの推論時間やトレーニング時間、メモリ使用量などを計測し、効率性やスケーラビリティを評価します。

✓ベンチマークデータセットの使用

標準的なベンチマークデータセットや業界で広く使用されるデータセットを使用することもあります。これにより、異なるソリューションやモデルのパフォーマンスを公平に比較

できます。たとえば、画像認識などの領域における一般的な
ベンチマークデータセットには、MNIST[54]、CIFAR-10[55]、ImageNet[56] などがあります。

・技術要件と適合性

ソリューションが要求する技術要件や環境に適合しているか
を評価します。組織によっては、クラウドの利用が禁止されて
いるため、独自のサーバーを活用しなければならない場合や、
既存システムからデータを取り込むため、既存データ基盤と
データ連携が必要など、さまざまな制約が存在することがあり
ます。

ハードウェア要件・ソフトウェアの互換性・開発の柔軟性な
ど、導入および運用に必要な要件を検討します。また、既存の
システムやデータ基盤との統合も重要な要素です。

・カスタマーサポートとトレーニング

ソリューションを独自開発する場合は別ですが、提供され
るソリューションの場合、カスタマーサポートやトレーニン
グについても評価が必要です。マニュアル、サポート体制や
ユーザー教育の充実度を考慮しましょう。AIソリューション
は、導入して終了ではありません。導入後も精度向上やユーザ
ビリティの改善を継続的に行えるかが、組織全体のパフォーマ
ンスを左右します。

・コストと効果

ソリューションのコストとかけたコストによって得られる効

果を比較評価します。

　一般的には、初期費用である開発費用・トレーニング費用と、継続的に発生するライセンス費用・インフラ費用・メンテナンス費用などがあるでしょう。それぞれの費用に関して、候補となるソリューションを比較します。

　得られる効果も考慮することが重要です。生産性がどの程度向上するか、人件費などの費用がどの程度削減できそうかといった効果を具体的に分析し、評価します。

　一般的なシステム導入効果の指標にはROI（投資対効果）がありますが、AI導入費用に対して、得られる効果や利益は、時間の経過やさまざまな要素によって変動する可能性があります。AIの導入効果をすべて数値化することは困難であり、ROIでは導入効果を包括的に評価することができない場合があります。ROIを用いる場合は、あくまで一つの指標とします。

　調査の結果、いくつかのAIソリューションが候補にあがったのではないでしょうか。仮に、まったく合致するAIソリューションがない場合には、AIの開発もしくは別の業務でAIを導入していく方針へ移行することが考えられます。AI開発のパートナーと議論し、別業務へAIを導入する場合のメリット・デメリットを検討してください。

　冒頭でも説明しましたが、AIは手段にすぎません。AI導入

が適切でないケースも存在します。過度な固執は避け、他のソリューションもぜひ検討してみてください。

3.プロトタイプの開発と評価

　AIのプロトタイプの開発と評価時に考慮すべき内容は多岐にわたります。ここでは、すでにいくつかのAIソリューションが選定されている状態ですが、一般的には次のような観点でプロトタイプの開発と評価を行うことが必要です。

　①目的と範囲の明確化
　開発するプロトタイプの目的と範囲を明確に定義します。
　②ユーザーニーズの把握
　プロトタイプを使用するユーザーのニーズや要求を把握し、それを満たす機能やデザインを考えます。
　③技術的な要件の確認
　プロトタイプを開発する際に必要な技術的な要件を確認し、それに適したツールや技術を選択します。
　④予算とリソースの計画
　予算やリソースを計画し、適切な管理を行います。
　⑤時間の管理
　開発に必要な時間を計画し、適切な管理を行います。
　⑥デザインとユーザビリティ
　ユーザビリティを考慮したデザインを行い、ユーザーが容易に利用できるようにします。
　⑦テストとパフォーマンス評価

プロトタイプのテストを行い、その結果をもとに改善点を洗い出し、評価します。

⑧フィードバックの収集

ユーザーや関係者からのフィードバックを積極的に収集し、プロトタイプの改善に活かします。

⑨法的・倫理的な観点

プロトタイプの開発や利用が法的・倫理的な観点から問題ないかを確認します。

　この中では「⑦テストとパフォーマンス評価」「⑨法的・倫理的な観点」が大きなポイントになります。評価は定量的に行えるとスッキリしますが、生成AIの場合には定性的評価、相対評価、ユーザー評価など多角的な視点からの評価を検討することをお勧めします。法的・倫理的側面からは、データ保護、著作権、バイアス、透明性、説明責任など従来のITシステムではあまり考慮することが無かった観点からの評価も必要となります。

4.ポテンシャルとリスクの評価

　プロトタイプの評価でおおよその結果が得られるかと思います。最後に選定したAIソリューションのポテンシャルとリスクを評価します。　ポテンシャルは、この場合、業務の効率化、品質向上、コスト削減などの利益を指します。リスクとは、データのプライバシー、セキュリティ、導入コスト、技術的な制約などの懸念事項を指します。　改めて、ここまでの比較結

果より、ポテンシャルとリスクをバランスさせながら、AIを選定しましょう。

　ここではAIのセキュリティ、とくに「AIそのものに対する攻撃」を中心に考慮すべき事項を深掘りします。AIに対するサイバー攻撃の例としてはすでに次の事例が報告されています。

・画像に特定のノイズを乗せることにより画像を誤認識させる
・チャットボットに差別的な言葉を学習させて、差別的な発言をさせる

　AIシステムに対するリスク管理としては他のセキュリティと同様に次のような内容に関して考慮する必要があります。

・ライフサイクルとの関連を特定する
・保護すべき対象の資産を特定する
・対象の資産に対する脅威を特定する
・脅威に対するリスクを特定し、対策を検討する

ライフサイクル
　AIのライフサイクルは、次の4つのフェーズに分解できます。
① 企画フェーズ：AIで解決したい課題を明確にする。
　課題を解決するための AIの種類を設定し、求められるAI

の精度などを設定します。

② データ収集フェーズ：AI構築のために必要なデータを収集する。

　収集するデータは、組織内データ、公開データ、他組織が提供するデータ、などがあります。

③ 構築フェーズ：AI構築に適した形に変換、構築する。

　ファイルフォーマットの変換、異常値の除去、ノイズの除去、データの匿名化・異表記の正規化、学習用データの補強（データ拡張）と前処理されたデータをもとに AIを構築し、AIアルゴリズムの選択を行い、学習用データを学習させ、AIモデルを構築します。

④ 運用フェーズ：構築された AI を利用する。

　AIを利用したい環境に展開し、AIに推論させたいデータを入力して推論させます。AIが導き出した結果をモニタリングし、時間経過による精度低下などを検知したら、必要に応じてAIのメンテナンスを行います。

AIシステムの資産

　AIシステムの資産はデータのみならず、ソフトウェア、ハードウェア、ネットワークなどの通常のIT資産もありますし、AIモデル、アーティファクトと呼ばれるようなものもあります。

・プロセス：データ収集・探索・前処理・拡張、特徴量の選択、
　モデル構築・学習・チューニング、メンテナンス など。

- 環境：クラウド、ネットワーク、開発環境、ライブラリ、AI プラットフォーム など。
- アーティファクト：AI システムアーキテクチャ、データガバナンスポリシー、アクセスリスト、ユースケース、ビジネスモデル など。
- モデル：AI アルゴリズム、AI モデル、パラメーター など。
- アクター・利害関係：クラウド事業者、データエンジニア、データの所有者や提供者、AI 開発者、データサイエンティスト、エンドユーザ、モデル提供者 など。
- データ：生データ、ラベル付きデータセット、前処理済みデータ、学習用データ、テストデータ など。

AI システムに対する脅威

セキュリティを検討する際に最初に考える必要がある部分です。

- 不正行為：AI モデル、データの搾取、改ざん、破棄、ポイズニング、敵対的サンプル、精度低下、情報搾取。
- 意図しない被害・損害：AI システム、モデル、利用者の意図しない資産の破壊、設定ミス、品質低下、性能低下。
- 法的要因：法律、契約などに基づく、制限、対応義務、不履行に対する買収、プライバシー、個人情報、ガバナンス、SLA 違反など。
- 盗難・乗っ取り：AI システムのインフラに対する、乗っ取り、盗聴、データ搾取、遮断など。

- 物理攻撃：インフラ、ハードウェア、ケーブルなどの物理資産の破壊などを目的とする活動。
- 機能停止：インフラ、ネットワークやプラットフォームなどのサービスなどの中断または要求する水準を下回る品質。
- 災害：甚大な損害または人命の喪失を引き起こす突発事故または自然災害。

AIモデルへの脅威、脆弱性、対策

　一般的な「盗聴、乗っ取り、遮断」などは通常のITセキュリティ対策により、緩和、早期復旧ができる前提とし、ここでは「不正行為」とくにAIモデルに対する脅威、脆弱性、対策につ

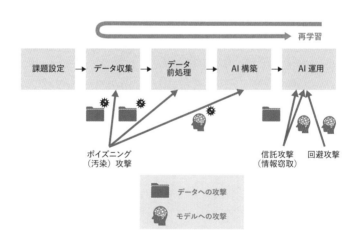

図3-8　AIに対する攻撃とAIライフサイクルの関係

いて議論します。

　AIに対する攻撃とAIライフサイクルの関係を図で表すと図3-8のようになります。

①ポイズニング（汚染攻撃）

　攻撃者が学習用データやAIモデルに何らかの細工をして、AIモデルの開発者の意図しない推論結果を出力させる攻撃の一種です。攻撃の対象にはデータとAIモデルがあります。

　攻撃対象がデータの場合、たとえばAIモデルを学習させる際に、攻撃者は誤ったラベルが付けられたデータを混入させます。AIモデルがこれを学習すると、再学習後のAIモデルは意図しない推論を行う可能性があります。

脆弱性の例

・AIモデルの学習用データの量が不足しており、ポイズニングされたサンプルの影響を受ける
・AIモデル、学習用データ、AIモデルの推論結果などに対して、適切な管理やモニタリングができていないため、ポイズニングされていることに気づけない
・信頼できない機械学習ライブラリ、AIモデル、学習用データが使用される

対応策の例

・学習用データをモニタリングし、疑わしいサンプルを検出し

て削除する

・学習用データの補強（データ拡張）で、ポイズニング攻撃の
　影響を薄める

・学習用データや推論結果をモニタリングし、意図しない振る
　舞いとなっていないかを確認する

・信頼できる機械学習ライブラリ、AIモデル、学習用データ
　を使用する

②回避攻撃

　推論用データにノイズが加えられAIモデルの推論が誤って
行われることがあります。ノイズがわずかな場合、人間が元の
データとの違いを識別できないことがあります。このような小
さなノイズを加える攻撃を回避攻撃と呼び、小さなノイズが加
えられた推論用データを敵対的サンプルと呼びます。

　たとえば、品質管理でこの攻撃が成立すると、良品・不良品
判定が適切に行えなくなり、不良品を誤って良品として出荷し
てしまうなどの被害が発生する可能性があります。

脆弱性の例

・敵対的サンプルを検出できない

・学習用データに敵対的サンプルを用いて学習してしまう、敵
　対的サンプルの学習不足

・仕様が明らかになっている AI モデルを使用している

・AI モデルから出力される推論結果以外の情報が多すぎる

対応策の例

・データが敵対的サンプルであるかどうかを検出するための
　ツールを導入する
・学習用データセットに敵対的サンプルを追加する
・AIモデルの取得経路などを評価し、外部から AI モデル情報
　を取得されないかを評価する
・AIモデルから出力される推論結果をユーザーに通知する際、
　通知する情報は必要最小限にし、ノイズ生成に悪用されるよ
　うな情報は通知しない

③情報搾取

　攻撃者がAIに推論させるデータセットを用意し、そのデー
タセットとその推論結果を対応させながら観察することで、学
習用データやAIモデルに関する情報を盗み出す攻撃です。学
習用データの盗み出しには、メンバーシップ推論攻撃、イン
バージョン攻撃などがあります。

脆弱性の例

・対象がモデルの場合AI モデルの内部情報（学習により得られ
　たモデルのパラメーターなど）が外部から取得可能なことが
　ある。
・対象がデータ、モデルの場合AI モデルから出力される推論
　結果以外の情報（信頼スコアなど）が多すぎる場合がある。

対応策の例

・推論用データをAIモデルに入力する前にノイズを加え、攻撃者の観察を妨げる
・AIモデルから出力される推論結果をユーザーに通知する際、通知する情報は必要最小限にし、学習用データやAIモデル情報の盗み出しに悪用されるような情報は通知しない

　AIを使ったサイバー攻撃の例として「ディープフェイク」があります。従来の合成技術では難しかった、動画や音声の精度の高い合成を行えるのが特徴です。「実際には行っていない動作」や「実際にはしていない発言」の動画や音声を得られるうえ、付帯情報なしに人間がそれらを偽物と見破ることが困難であるため、さまざまな目的のため悪用されている例があります。これらに対する対応方法として「AIでAIを守る」という選択肢もあります。

　AIは、その処理がブラックボックスであり、かつ、自動で利用・運用されるケースが想定されます。そのため、AIが出力した結果が人間の想定外の結果、意図しない結果となる可能性があり、問題となる場合があります。

　AIシステムは、従来のAIを搭載していないシステムとは異なり、以下のような特徴があります。

✓ AIの出力（推論結果）の根拠を説明できない
✓ 学習用データと推論結果の対応づけが難しく、予期しない結

果が出力される場合がある

✓ 運用方法によっては AI モデルが随時更新されていく

　これらの特徴があるため AI の利用の増加や、AI を活用した
サービスの市場展開が進むにつれ、AI の有効性や信頼性など
の品質を定量的に評価するニーズが高まっており、AI のリス
クを考えていくことが必要となります。

　AI ソリューションを具体的に選定する際の参考となるよう
少し専門的な内容も交ぜながら説明してきました。これらのス
テップを経ることで、対象業務における AI ソリューションの
比較・検証・選定が完了し、残るは実装だけになります。次節
では、実装に関して述べていきます。

3 | AI導入の
チェックポイント

既存の業務のAI置き換えを実行していく

前節で選定したAIツールを導入していく際に注意すべきポイントをお伝えします。AIツールの導入方法は、新規導入や既存ツールの変更など、組織によって状況が違うかと思いますが、留意すべき事項には差がないと考えます。

一般的なシステム導入における要件定義＞システム選定＞システム設計＞開発＞テスト＞トレーニング＞展開を基準にすると、すでにシステム選定までが完了している段階です。ユーザー側には要件定義の情報を伝えるという役割がありますが、システム設計・開発はAIツールを提供するベンダーが主にリードしていくステップになります。そのため、本節ではテスト・トレーニング・展開において注意すべきポイントに絞ってお伝えします。

①ステークホルダーの関与

AIツールに限らず、システム導入においては、ステークホルダー（経営層や各部門の責任者など）の関与とコミュニケーションが重要です。AIで利用するためのデータの準備やAIツール導入前のテストなどはプロジェクトメンバーだけではなく、ユーザー部門の協力が不可欠です。ユーザーテストでは、

プロジェクトメンバーでは気づけなかった観点を指摘してもらえる可能性があり、AIの運用に貴重な情報が得られることがあります。

　各ステークホルダーに協力してもらえる体制を早期に構築していくため、周囲を積極的に巻き込んでください。

②チェンジマネジメント

　チェンジマネジメントとは、組織内で改革を実現するために、組織のメンバーが変化を受け入れられるようにするマネジメント手法です。

　人間には未知のものや変化を受け入れたくない、"現状維持バイアス" が存在し、変化に直面した場合には"抵抗"を示します。これは人間だれしもが持つ性質です。

　AI導入という大きな変革を実現するには、組織の"抵抗"を取り払う必要があります。チェンジマネジメントを実施し、「なぜAIを導入するのか」、「AIを導入することによって、従業員にどのような変化が起こり、具体的に何をすべきか」を伝えなければ、多くの人を変革に巻き込めず、AI導入が失敗に終わってしまいます。

　チェンジマネジメントを実践するため、ADKAR® モデルの概要と具体的なアプローチを図にまとめました。

「ADKAR」という言葉は、変革を成功に導くために個人が達成する必要のある5つの要素、Awareness(認知)、Desire(欲

求)、Knowledge(知識)、Ability(能力)、Reinforcement(定着)
の頭字語です。

　このモデルは、700以上の組織の変革パターンを研究した結果、Prosci®[57]の創設者であるJeff Hiattによって約20年前に開発されたものです。ADKAR® モデルは、世界中の何千ものチェンジリーダーによって使用されています。
　このモデルが強力な点は、組織の変化は個人が変化したときにのみ発生する、という理解に基づいてる点です。変革の期間を通じて個人を導き、過程にある障害に対処していきます。

チェンジマネジメント実施のための ADKAR 変革モデルの概要と具体的アプローチ

	A 気づき (Awareness)	D 欲求 (Desire)	K 知識 (Knowledge)	A 実践力 (Ability)	R 強化 (Reinforcement)
アウトプット	・従業員に変革について事前に知らせます。 ・現在の問題点、新しい解決策で実現しうる成果など、変革の背景となる理由を説明します。	・変革に対する従業員の反応を数値化します。 ・変革の支持者を特定します。 ・従業員が抵抗したり、無関心な場合には、その懸念に対応したり、個人的に変革の利点を伝えます。	・トレーニングやコーチングを実施して、変革後に従業員がすべきことを示します。 ・マニュアルなど、従業員が適宜参照できるリソースを提供します。	・変革を完全に実施する前にテストを実施します。 ・パイロットテストのパフォーマンスを監視し、建設的なFBを提供します。 ・必要に応じてプロセスを柔軟に調整します。	・変革を継続的に監視し、想定通りの成果を達成します。 ・肯定的なFB、動機付けを行い、新プロセスを遵守するよう奨励します。

図 3-9　ADKAR モデルの概要と具体的なアプローチ

③パイロット導入

　AIツールの導入は大規模な変革となる場合が多く、全社へ一度に展開してしまうとさまざまな箇所で混乱が生じてしまい、サポートが十分にできなかったり、ユーザーの関心を損なってしまったりする場合があります。そのため、限られた範囲・限られたユーザーへまずはパイロット的にツールを展開し、ツールの効果や課題を評価することをオススメします。パイロット導入することで問題点の特定・改善を繰り返すことが容易になり、ユーザビリティの向上や機能追加などの改善によって、ツールの効果を最大化できます。

　AIツール導入における環境は各組織によって、異なりますし、あくまで先述の3点は抜粋となります。テスト・トレーニング・展開などの後工程ではユーザーの心の動きに十分注意して、AI組織のメンバー同士で議論を重ね注意すべきポイントがその他にもあれば、随時対応していきましょう。

　ここまでAIツール導入ステップにおいて注意すべきことを詳細にお伝えしてきました。AI導入をリードしていく方には導入時のハンドブックとして、AIのユーザーの方には、AI利用時に注意すべきことの参考資料としてご活用いただければと思います。

　なお、AIツールは導入して完了ではありません。導入後に目標が達成できているか、精度は問題ないか、進捗をチェック

していくことが重要です。そのため、次節では、AI実装後の
進捗チェックに関して解説します。

実装の進捗をチェックする

　一般的なシステムでも導入後に目標が達成されたか、効果が
出ているかという観点でチェックを行いますが、AI導入にお
いてはより重要な役割を担います。

　AIツールを導入することで既存業務が根本的に変化するた
め、ユーザーが活用する中で、当初の目標としていた効果が得
られなかったり、ユーザビリティの観点から変更が必要になっ
たりすることが考えられます。そのような場合には、AIのア
ルゴリズムやデータ、業務フローを調整する必要があります。
　基本的な考え方として、AI導入の効果を最大化するために
は、導入後にどれだけ自社の状況にあわせたチューニングがで
きたかどうかが肝になります。

　ここでは、現場のAIの利用状況や世界全体において日進月
歩で進むAIの進化に素早く対応し、組織内のAIツールを進化
させるために有効となるOODAループという考え方を紹介し
ます。こちらは組織だけではなく、ビジネスパーソンがより効
率的にAIを活用していくためにも参考となる考え方です。

　OODAとは、観察（Observe）・状況判断（Orient）・意思決
定（Decide）・実行(Act)の頭文字をとった略称であり、不明確

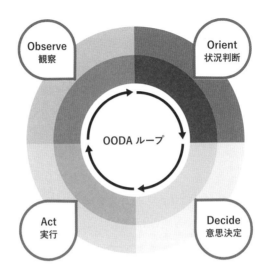

図 3-10　OODA ループ

　で常に変化していく状況の中で、最善の意思決定を行い、即座
に行動を起こすことを目的としたフレームワークです。明確な
計画がない課題に対して効果的なフレームワークと言われてお
り、短期間で効率的に意思決定できることから、緊急事態やト
ラブル対応に強みを発揮します。

　OODAループは耳慣れないと思いますので、もう少し詳細
に説明すると、これはアメリカのジョン・ボイド元空軍大佐が
開発した意思決定手段です。元々はジョン・ボイド大佐が航空
戦に挑むパイロットの意思決定方法として提供しており、特徴
的なのは、意思決定の柔軟さです。現役時代ボイド大佐は 1 対

1のドッグファイトゲーム（戦闘訓練）で6年間、時間にして3,000時間、無敗であり、追いかけられる位置から必ず40秒以内に相手の背後を取ることから、「40秒ボイド」という名が与えられていました。ボイドは退役後、状況認識と意思決定、そして反応の違いを結論付け、OODAという理論を導き出したものです。

　また、OODAループはループという言葉の通り、一度行って終了ではなく、繰り返し行うことで大きな効果を発揮します。

　それぞれのステップにおける考え方や行動の例を以下に示します。

・観察（Observe）
　AIのアウトプットが最適か、ユーザーが変更したいと思っている箇所がないかユーザヒアリングなども駆使して、慎重に観察しましょう。また、世の中のAI技術が進化し、より最適なAIソリューションがないかも観察をしてみてください。最適化するため小さな変化や小さな要望に着目してください。

・状況判断（Orient）
　観察（Observe）を経て、得られたデータや利用者の意見を分析し、AI導入の効果や変化の把握と改善点を特定しましょう。特定された問題点を理解することで、次に何をすべきか判

断してください。

・意思決定（Decide）

　状況判断（Orient）によって、特定された状況に応じて、打ち手を決定します。たとえば、AIモデルの品質が不足している状況では、パラメーターの調整を行うことで性能向上を図ったり、AI学習を増やしAIの回答の精度向上を行ったりするなど、状況に応じて必要な意思決定をしてください。

　また、この時点で意思決定するだけの情報がないことに気づいたら、別の角度から観察（Observe）してみます。

・実行(Act)

　意思決定（Decide）によって、決定した対策を実行します。実行後は再度、変更点を観察（Observe）し、再度OODAに取り組みます。

　常に現場の変化やより最適なアウトプットが出せないか状況の観察を行い、組織においてより価値の高いAIツールにすることを日々目指してください。

　日本ではPDCA（Plan-Do-Check-Action）[58]サイクルはOODAループより認知度も高く、実績豊富なフレームワークです。しかし、この変化が激しいVUCA[59]（ブーカ）時代においては万能のフレームワークではなく、PDCAだけでビジネスを進めていくのは賢明ではありません。

VUCA（ブーカ）とは、Volatility（変動性）、Uncertainty（不確実性）、Complexity（複雑性）、Ambiguity（曖昧性）という4つの単語の頭文字をとった言葉で、目まぐるしく変転する予測困難な状況を意味します。

　PDCAサイクルは品質管理や生産管理のためのフレームワークなので、変化する状況においては、スピード重視のOODAループと従来のPDCAサイクルを使い分けることが理想的です。とくにAIを取り巻く環境は技術だけでなく、各種規制、倫理などの観点から目まぐるしく日々変化している状況ですのでOODAループによる対応は非常に効果的と考えられます。

　この本を手にとってくださったビジネスパーソンの皆さんは何かしらの組織に属している方が多いかと思います。皆さんが与えられたミッションの中で、AIというツールを使って組織の生産性向上や組織の業務改革などの実行に貢献いただけると幸いです。

4 | AIの個人活用について

個人編

　組織編では組織全体でAI導入に取り組んでいくために参考となる情報をお伝えしましたが、立場や組織全体のポリシーの制約により、実際の導入が難しい場合も考えられます。組織で導入できないからとあきらめるのではなく、個人という単位でもAI活用を進めていき、AIを駆使するスキルを身に着けていくべきだと考えています。

　そこで、個人編では、ビジネスパーソンがAIをどのように活用していくのかヒントとなる情報を少しでもお伝えできればと思います。すでにAIは世の中にあふれかえっています。AIは仕事に限らず、人生を豊かにしていくうえでも、どのように向き合うかを考える必要があるでしょう。仕事に限らず、スキルアップのための学習や健康管理にも注目して、AIを日々の生活にどのように導入していけばよいのかお伝えします。

　AIを業務利用する際に組織のコンプライアンスを遵守するのと同様、個人利用の場合は個人情報をむやみに入力しないことに留意してください。このChapterでお伝えしてきたリテラシーを意識していきましょう。

仕事効率化へのAI活用方法

　仕事効率化へのAI活用ということで、皆さんがAIをビジネスシーンで活用する際に参考となる利活用方法と注意すべきポイントを紹介します。本節を読んでいただくことで、一般のビジネスパーソンが直面する課題に対処し、AIを用いて付加価値の高い業務へシフトできるようになればと思います。

タスク管理と自動化

　多くのビジネスパーソンは業務目的を達成するためにタスクという作業の最小単位へ分解し、業務を推進しているのではないでしょうか。私自身もプロジェクトではWBS（Work Breakdown Structure）という作業（Work）を分解（Breakdown）して構造化（Structure）した資料を作成し、長期間におけるプロジェクトをタスクに分けて管理しています。一般的な業務でも上司やお客様の依頼を期限通りに適切な成果物として提出するために、タスク管理を行うことが多いと考えられます。

　タスク管理は①タスクの分解、②全体のスケジュールの管理、③タスクの実行の記録という3つの機能を持ち合わせています。③タスクの実行の記録という場面では、AIを活用するシーンがあまりないので、①と②の2つの機能をAIで代替する方法をご紹介します。ぜひ、皆さんの業務に取り入れていただき、業務効率の向上を目指してください。

①タスクに分解する

生成AIにやらなければいけないことをプロンプトとして書き込むことで、タスクを細かいステップへ分解してくれます。ただし、あなたが実際にタスクへ分解するとしたらどうするかという観点で出力結果をレビューし、ブラッシュアップすることを忘れてはいけません。大まかにやらなければいけないことを洗い出すためのたたき台だと考え、出力結果を妄信することがないように注意してください。

　下図の例では、「製造業各社のSDGsについてまとめる。」という課題をどうすればよいか相談した結果が出力されました。

タスクに分解する

製造業各社のSDGsにおける取組についてまとめる必要があります。
どのようなタスクに分解すれば、業務がスムーズに進んでいくでしょうか。

製造業各社のSDGsの概要

1. 各社のSDGsについてのリサーチを行う

　　「各社のSDGsについてのリサーチを行う」は、製造業各社がSDGsにどのように取り組んでいるかを調査することを意味します。具体的には、各社の公式ウェブサイトやCSR報告書、ニュース記事などを調べ、SDGsに関する声明や取り組みを把握することが含まれます。また、各社のSDGsに関する取り組みを比較し、共通点や相違点を抽出することも必要になります。

2. 各社のSDGsを分類し、関連するSDGsをまとめる

3. 各社のSDGsの進捗状況を調査する

4. 各社のSDGsを達成するための具体的な取り組みを調査する

5. 各社がSDGsを達成するために直面する課題を調査する

6. まとめのレポートを作成する

　　注意: このタスクは、あくまで概要をまとめるものであり、各社のSDGsについて完全に把握するためのものではありません。

図 3-11　タスク分解に AI を使用した例

②全体のスケジュールを管理する

　タスクを分解したら各タスクにかかる所要時間を見込み、ス
ケジュール管理しましょう。現時点のAIでは皆さんの作業ス
ピードを予測し、スケジュールを立てることはできませんが、
各タスクのスケジュールを管理して、リマインドしたり、進捗
を取りまとめたりすることは、すでに多くのスケジュールアプ
リで実行可能です。

　また複数業務を抱えている場合、どの仕事から手を付ければ
よいか分からなくなることがあるかもしれません。期限と重要
度の観点から優先して取り組む必要があるタスクを洗い出すこ
とで、限られたリソースで最大の成果を出すことが期待できま
す。

自然言語処理によるコミュニケーション改善

　従来、コンピューターは機械語という数字の0と1の二進
数から成り立つ言語やプログラミング言語のようなエンジニ
アが扱う言語しか理解できませんでした。AIによって、コン
ピューターは人間の自然言語（日本語や英語などの言語）を理
解し、処理することができるようになったため、多くの人がコ
ンピューターとコミュニケーションすることができるようにな
りました。さらに、音声にも対応しています。

　この自然言語処理を利用して、皆さんの仕事を効率化する方
法をいくつかご紹介します。

メール

　現在ビジネスパーソンにとって、メールやチャットは無くてはならないツールです。日本ビジネスメール協会が実施した「ビジネスメール実態調査2022」によると、日本のビジネスパーソンは一日60通以上のメールを受信し、16通以上のメールを送信しているそうです。また、メールを一通書くのに平均6分5秒かかっているそうで、およそ1日の内、90分以上をメール作業に費やしていることがわかっています。

　メールフォルダーの管理をすべて、AIに任せてしまうのはまだまだ難しいですが、メール作成は生成AIを駆使することである程度時間の短縮が期待できます。なお、メール返信の場合には、背景や事情などを説明しなければいけないため、期待通りのアウトプットが難しい場合が多いでしょう。

　しかし、広告の文面作成や初回あいさつのお礼などの一般的なシチュエーションにおけるメールの発信の場合は、状況と伝えたいことを生成AIのプロンプトに入力すれば、メールの下書きが完成します。さらに、でき上がったメール文面をあなた自身でレビューし、広告の場合には、あなたが考えるオススメのポイントを追記したり、挨拶のお礼の場合には、挨拶の際に会話した内容を追記したりすることで、あなたらしさを加え、機械的になりすぎないあなたのメールが完成します。

　下記は渋谷で20代の若者向けに音楽祭を主催することに

なった私が、スポンサーを見つけるために書いたメールです。精度としては、70％くらいかと思いますが、およそ1分でここまで書くことができました。この文章に音楽祭の独自性や私自身の思いを追記すれば、実際にスポンサーを探せるレベルの文章になるはずです。

AIを駆使して、メールを書く

20代の若者向けに渋谷で音楽祭を開くことになりました。
協力してくれるスポンサーを見つけるためにメールを書くのですが、どのようなメールを出したらスポンサーが協力的になってくれるでしょうか。
実際のメール文を書いていただけますか。

件名：音楽祭のスポンサー協賛について

○○様

こんにちは、私たちは渋谷で行われる音楽祭の主催者です。この音楽祭は、20代の若者たちを対象に開催されます。

私たちは、この音楽祭に協力してくれるスポンサーを探しています。スポンサーになっていただくことで、以下のようなメリットがあります。

- 若年層への露出機会の拡大
- ブランド認知度の向上
- 新製品の発表やプロモーションの機会の提供

また、私たちは、スポンサーのご要望に合わせて、様々な特典をご提供できます。例えば、広告掲載やブース出展の機会、VIPチケットの提供などがあります。

ぜひ、この機会に若者たちに支持される音楽祭にご協力いただければ幸いです。何かご質問やご要望がございましたら、お気軽にお問い合わせください。

よろしくお願いいたします。

図 3-12　メール作成に AI を使用した例

音声アシスタント

　SiriやAlexa、Googleアシスタントなどの音声アシスタントは話しかけるだけで予定の入力や電話の送信、天気予報の通知などをしてくれます。ビジネスの場面では、音声アシスタント

があなただけの秘書となって、スケジュール管理やメール通知、メールの音読を実行してくれます。他にも、音声検索を通じて、特定の情報やデータを取得してもらうことで、効率的な情報収集が可能となるでしょう。

　多くのビジネスパーソンがちょっと面倒だと感じるタスクは、音声アシスタントに依頼することで処理してもらえます。すぐ近くにいるあなただけの秘書としてぜひ有効活用してみてください。

　また、文章の記入も音声アシスタントで実施できます。音声入力を駆使することで、頭の中にある情報をアウトプットできますし、文字起こしをすることで視覚的にも情報を捉えることができ、より頭の中を整理しやすくなります。

　実際に、以下の文章はWordのディクテーションという機能で、現在書いております。

「頭の中にあるものを。外に出すことで、より。思考がクリアになり。業務課。速くなると思います。ご覧のように。句読点の位置や。誤字脱字、そういったものはありますか？従来の。自らが文章を書くよりも。早く効率的に業務ができますので。ぜひ皆さんもサポートの一つとして音声入力を試してみてください。」

言語翻訳

　ビジネスのグローバル化に伴い、英語でのコミュニケーショ

ンが求められる機会が増えている方もいらっしゃるのではないでしょうか。もちろん、英語でスムーズにコミュニケーションができることが理想ですが、まだ英語を勉強中！　という方もいらっしゃると思います。そんな方はDeepLやGoogle TranslateのようなAIの言語翻訳ツールを使うことで円滑なコミュニケーションを図ることができます。ただし、言語翻訳はあくまで補助的ツールです。文脈によっては、誤訳や意図しない表現の問題が発生することに留意してください。

　ツール利用は注意が必要な側面もありますが、うまく使うことできれば大きな効果を発揮することも事実です。私自身もノンネイティブですが、ビジネスで英語を使うシーンがあり、非常に苦労しているため、参考までにビジネスにおける英語翻訳精度向上方法のコツを2つお伝えしておきます。

　一つ目は、「日→英」翻訳後に再度「英→日」翻訳をして、同じ意味となっているかどうかということを確認する方法です。「英→日」の場合は、「日→英」でチェックします。

　二つ目は、GingerのようなAIによる英文法チェックツールを用いて、文法として適切かどうかをチェックする方法です。現在のAI技術では、最終的には自らの英語力で判断が必要になってしまいますが、ビジネスで活用するのに支障がないレベルで英語を使いこなすことができるので、ぜひ活用してみてください。

テキスト要約

議事録やニュース記事・学術論文などをまとめることが必要な際にAIによる要約技術を活用することで、重要なキーワードやポイントを抽出できます。膨大なテキストを瞬時に要約することで、時間とリソースを節約し、重要な情報を見落とすことなく、効率的なドキュメントレビューや分析が可能になります。ただし、要約をすることによって、内容が一部欠落し、当初のドキュメントに記されていたことが正確に伝わらない可能性があるというリスクを孕んでいます。そのため、重要な意思決定に用いる報告書などの場合には、本来の意味が含まれているか原文を確認しなければいけないことに留意します。

スキルアップと学習支援にAIを活かす

教育を意味するEducationとTechnologyを組み合わせたEd Tech（エドテック）という造語があるくらい教育に対してテクノロジーを活用する動きは活発です。ここではAIを学習に活かす方法をご紹介します。ぜひ皆さんもAI学習を活用し、スキルアップやキャリアアップを目指してください。

まず初めに、AIの大きな特徴であるパーソナライジング技術を活かしたカスタマイズ学習に関して紹介します。

カスタマイズされた学習経験

多くの学習プラットフォームでは、AIによるパーソナライジングを通じて、学習者一人一人へ最適な学習機会を提供しています。特定のスキルを習得するための資格講座や語学講座・

さまざまなスキル学習の機会を提供するトータル学習プラットフォームなども最近では登場していますが、基本的にはそれらのプラットフォームにはAIが組み込まれており、あらゆる学習が個人のスキルや知識・能力に合わせて最適化されていることを感じます。

　このような学習プラットフォームを使うことで苦手分野や学習の進捗状況を客観的に把握できますし、何よりも習得までの期間が非常に短くなります。個人が何かを学習する中での困ることの多くは、何がわかっていないかがわからなかったり、どのような計画で進めればよいかわからなかったり、続かなかったりということだと思います。このような悩みをAIは解決してくれますし、AIサポートのおかげで学習が続けやすくなります。
　また、AIは過去の学習履歴や興味に基づいて、最適な学習教材や資料を推奨してくれます。

　続いて、AIが教師の役割を果たすAI学習をお伝えします。

AIによる教育とトレーニング

　AIが教育をするというとなかなかイメージが湧きづらいと思いますが、英語学習の領域ではAIを用いた教育がすでにサービス提供されています。AI教師に対して、Speakingを行い、発音や文法を評価され、指摘が入るようなイメージです。シチュエーションや私たちの回答に応じて、AIが適切な会話

を返してくれることもあり、実際にネイティブスピーカーと会話しているような感覚になるサービスも多数登場しています。

　現在の目立ったAI教育は英語教育ですが、今後さまざまな学習体験において、AIが教師のような役割を果たすことが予測されます。完全に人間の教師を代替することは難しいですが、AIを活用した教育が学習方法に変革をもたらす可能性が高いため、ビジネスパーソンの皆さんは効率的なスキルアップやリスキリングの一環として、AI教育に取り組んでみてください。

健康管理にAIを導入する

　ここまではビジネスによったAI活用をご紹介しましたが、本項では、AIを用いた健康管理をご紹介します。ビジネスを行うためには、まずは健康でなければなりません。ぜひAIを生活に取り入れてみてください。

AIを使った健康データのモニタリングと予測

　AIの登場以前から健康状態を把握するために、健康データを収集することは行われていましたが、AIの登場によって、収集されたデータが大きな意味を成すようになってきています。

　健康データとは、体重や体脂肪・心拍数・血圧などの数値を指し、現在では体重計やスマートウォッチなどのデバイスから自動でデータ収集し、AIアルゴリズムによって分析を行い、

膨大なデータからパターンや異常を検出することで健康管理を実施することができるようになってきています。

　たとえば、通常の心拍から大きな変動を検知した場合、ストレスや心臓の問題を早期発見することが期待されます。また、心拍のデータだけでなく、複数の健康データを組み合わせることで関連性も分析し、病気の初期兆候やリスク要因も洞察できるでしょう。

　代表的な例はApple Health、FitbitやGarminなどですが、健康データを統合管理することで、皆さんの健康に対して適切なアドバイスを実施し、万が一異常を検出した場合には、医師の診察を推奨することもあります。

　余談ですが、現在はこれらのデータが医師に提供され、診察の基礎情報になることは残念ながらありません。将来的には医師とのスムーズな情報連携や生活習慣や遺伝子情報と結びつけた健康リスクや疾患発症の可能性を評価することを期待したいところです。

AI活用と企業事例

Chapter 4

1 | 企業のAI事例

　Chapter 1の「AI思考とは」、Chapter 2の「AIの基礎知識」、Chapter 3の「AIをビジネス組織・ビジネスパーソンへ実装する」では、AIと共存するために必要な考え方や実装におけるポイントを中心に、今後の未来を見据えたお話をさせていただきました。これから変わりゆくテクノロジーの進化や可能性を考慮しつつ、企業における人間と共存して伴走してくれる仲間としてAIと向き合っていくことが非常に重要となります。

　ここからは、実際に企業がどのようにAIを活用しているかについてご紹介します。社内でAIをどのように活用できるか、そしてそれがビジネスの成功にどのように寄与するかについて具体的なイメージを持っていただけたらと考えています。AIは、これからの企業や組織、個人にとって重要な存在であり、同時にますます身近に感じられるものとなるでしょう。活用事例を通して皆さんのAIの有効活用の一助になればと思います。

AIの社会実装の推進

　活用事例をご紹介する前に、日本のAI社会実装の推進に向けた取り組みについて、統合イノベーション戦略推進会議における「AI戦略2022」（内閣府2022年4月22日）について触れておきます。

・これからわずか数年の取り組みによって、DXの後に到来するであろう「アフター・デジタル」の時代での日本の国力に大きな差異が生じていくに違いない。今の私たちに必要なのは、AIについて先進的な国と日本の違いがどこにあるのか、何に取り組むことで我が国においてAIの実装が進展するかを理解し、私たちの社会経済や国民生活を将来にわたって豊かなものとするための取り組みを進めることである。

・AIを効果的に利活用し、多種多様な仕事を効率的に処理するためには、「AIは人の仕事を代替する」という思い込みを捨てることが必要である。たいていの場合、AIは人を支援する存在である。人は、AIと協調していくことで、労力を最小化し、利益を最大化することが可能となる。

・AIの利活用を検討する際に、「技術者だけがAIを深く理解できる」との思い込みのもと、AIのシステムを構築できるような技術者を必要条件のように考えてしまうのは妥当ではない。実際には、そのような技術者がいなくても、他の多くの事例からAIの製品やサービスの活用によって何がどの程度の水準で処理されるのかといったことを理解することは可能である。

・データは重要ではあるけれども、それ以上に重要なのは、サービス等の構築や提供の際に、AIを強化するデータ収集等を行うような持続的なサイクル（ループ）を形成するように配慮することである。

これまでの常識や思い込みを捨て、企業による実装を念頭に置くことが重要になるとも記載されています。

　また、ディープラーニングを重要分野として位置づけ、①AIのブラックボックス性の打破と不安の払しょく、②AIの適用領域の拡大、③AIをめぐる人材や技術情報、データ取扱いルール等に関する追加的取組、④政府による強力な牽引、⑤「強み」への注力が推進されることも記載されています。このことから、今後ますます企業へのAI活用が進むと予想されます。

企業のAI活用実績

　日本企業において、どのくらいAIは活用されているでしょうか。

　これまで述べてきたとおり、AIがさまざまな分野で社会を変化させつつあります。「製造」や「生産」の分野では生産性を向上させ、コスト削減が可能となることが期待できます。「健康」や「医療」の分野では新たな発見や発明、また「芸能」や「芸術」、「娯楽」の分野を変革することも期待できます。

　しかしながら、AI白書（2020）によれば、日本の主要な事業者525社にアンケート調査を行った結果、AIをすでに導入している企業は4.2％、現在実証実験（PoC）を行っている企業は4.8％で、合計10％未満でした。また現在、利用に向けて検討を進めている企業と検討を予定している企業も併せて約17％

しかないのです。

　一方で、関心はあるがまだとくにAI導入の予定がない企業が約51%、今後も取り組む予定はないと答えた企業が約16%、併せて70%近い企業がAI化に向けた行動をしていなかったのです。

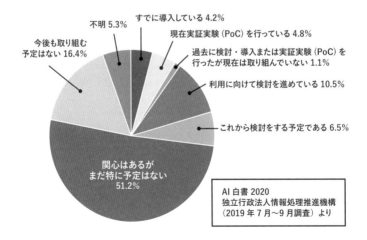

図 4-1　企業における AI の利用率

第四次AIブームと言われながら、この低い導入率をもたらす理由はどこにあるでしょうか。その理由は、第1にAIに対する理解不足、第2に導入費用が高いこと、第3に人材不足となっています。(下図参照)

　現在では、GoogleやAmazon、Azure Cognitive ServicesやWatson APIといった構築済みAIサービスが多く提供されており、スクラッチからAIを構築するのではなく、すでに存在するAIを利用することで、費用を抑えつつ、特別なAIの人材がいなくても活用できる状況が形成されつつあります。

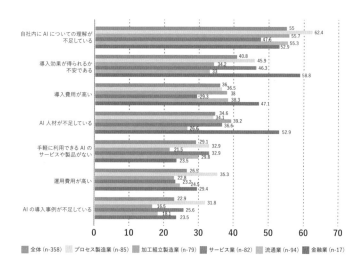

※AI白書2020　独立行政法人情報処理推進機構(2019年7月～9月調査)より作成

図4-2　AI導入にあたっての課題

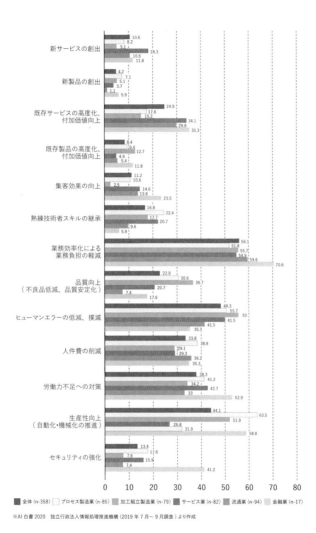

新サービスの創出
10.6
8.2
5.1
18.3
10.6
11.8

新製品の創出
4.2
7.1
5.1
3.7
1.1
5.9

既存サービスの高度化、
付加価値向上
24.9
17.6
15.2
34.1
29.8
35.3

既存製品の高度化、
付加価値向上
8.4
9.4
12.7
4.9
5.4
11.8

集客効果の向上
11.2
10.6
2.5
14.6
13.8
23.5

熟練技術者スキルの継承
16.8
22.4
17.7
20.7
9.6
5.9

業務効率化による
業務負担の軽減
56.1
51.8
55.7
54.9
59.6
70.6

品質向上
（不良品低減、品質安定化）
22.9
30.6
36.7
20.7
7.4
17.6

ヒューマンエラーの低減、撲滅
48.3
55.7
50
41.5
35.3

人件費の削減
33.8
38.8
29.1
29.3
36.2
35.3

労働力不足への対策
38.3
41.2
34.2
42.7
33
52.9

生産性向上
（自動化・機械化の推進）
44.1
63.5
51.9
26.8
31.9
58.8

セキュリティの強化
13.4
17.6
7.6
15.4
7.4
41.2

■ 全体 (n-358)　□ プロセス製造業 (n-85)　■ 加工組立製造業 (n-79)　■ サービス業 (n-82)　■ 流通業 (n-94)　■ 金融業 (n-17)

※AI白書2020　独立行政法人情報処理推進機構（2019年7月～9月調査）より作成

図 4-3　AI 導入の目的

図4-3が示す「AI導入の目的」からわかることは、業務効率化や業務負担の軽減、生産性の向上の期待です。また、人件費の削減や労働力不足対策、ヒューマンエラーの低減と撲滅といった、人材不足への対策も重要視されています。

いずれも、人材確保が困難になると言われている次の時代を生き抜くための対策と言えるでしょう。

組織のAI活用事例

多くの組織が直面する課題への対応方法は、AI活用事例から知識を得ることができます。

ご紹介する組織のAI活用事例は、業種とAI導入目的（業務効率化・高度化、品質・生産性の向上、セキュリティ向上、顧客への付加価値向上）に分類しています。

AI活用事例から、どのような目的で導入し、どのような業務で活用できるか、一緒に学んでいきましょう。

生成AIは本書「AI思考」での中心となるテーマですが、その一方で、組織での利用は始まったばかりのため、導入効果がわかるものはまだ少ないのが実態です。そこで、本書では次の項目で公開されている事例を分析しています。

〈事例番号、組織名、観点、AIの事例概要〉

No	項目	記載内容
1	対象（範囲・規模）	AIを導入している対象が全社か、一部の部署等
2	AI情報	自社製AI、ChatGPT利用等
3	取り組み時期	試験導入、本格導入等の時期
4	目的・特徴	AIの特色
5	課題と今後の展望	どんな課題があるか、また今後どのように展開する予定か
6	AI思考の観点	AI思考の5要素からの分析
7	参照情報	事例の情報源、また導入イメージなど

AI活用事例の一覧（25件）

No	業種	組織名	観点	事例
1	公共	厚生労働省・児童相談所	業務効率化・高度化	相談業務におけるAIサポートで、児童相談所職員の業務負担を軽減
2		東京都		文章生成AIを共通デジタルツールとして全局へ導入
3	金融	三菱UFJフィナンシャル・グループ		自社専用のChatGPT導入
4		京都銀行		地域金融機関初となる生成AI ChatGPTの試行導入
5		かんぽ生命保険		生成AI活用プラットフォーム「Graffer AI Studio」導入
6		明治安田生命		Azure OpenAI Service上のChatGPT導入
7		東京海上日動		保険領域に特化した対話型AIの開発および活用

No	業種	組織名	観点	事例
8	金融・IT	みずほ/富士通（共同）	産品質向上・生性	システム開発・保守に生成AIを活用する共同実証実験
9	IT	アビスト/プラスゼロ（共同）		生成AIとAEIを組み合わせた製造業の設計・テストの品質・生産性向上サービス
10		パナソニックコネクト・パナソニック	業務効率化・高度化	OpenAIの大規模言語モデルをベースに開発した自社向けのAIアシスタントサービス
11		Hacobu		ChatGPTおよびGitHub Copilot for Business導入による業務プロセスの改善
12		アルティウスリンク		カスタマーサポートへの生成AI活用
13		エーアイセキュリティラボ	セキュリティ向上	脆弱性診断分野における生成AI活用
14		LegalOn Technologies	顧客への付加価値向上	AI契約審査プラットフォームにおけるChatGPTのAPIを活用した「条文修正アシスト」機能の提供
15	医療	新医療リアルワールドデータ研究機構		生成AI等を用いたデータ収集と医療DXの加速
16	食品・飲料	アサヒビール	業務効率化・高度化	ナレッジマネジメントツール「saguroot」と生成AIを組み合わせた資料要約サービスの導入
17		日清食品ホールディングス		自社専用の対話型AIの導入（NISSIN AI-chat（GPT-4））
18		南部美人	産品質向上・生性	深層学習、画像処理技術による「視覚」のデータ化と活用
19	交通	南紀白浜エアポート		ドライブレコーダー×AIを活用した空港滑走路の調査および点検
20		JR西日本グループ	業務効率化・高度化	生成AIチャットボットサービスの導入

No	業種	組織名	観点	事例
21	サービス	ビッグホリデー	顧客への付加価値向上	AI社員による旅行ブログ配信
22		Gunosy		AIによる海外ニュース記事の日本語要約サービス提供
23		セガサミーグループ	業務効率化・高度化	自社専用のAIチャットボットの導入
24	建設	YKK AP		AIを活用した業務プロセスや予測精度の標準化を試行
25	不動産	東急不動産		自社特有の契約ルールも反映できる契約書レビュー支援サービスで契約審査業務を効率化

【No.1　公共】　厚生労働省・児童相談所
（業務効率化・高度化）

～相談業務におけるAIサポートで、児童相談所職員の業務負担を軽減～

No	項目	記載内容
1	対象（範囲・規模）	中部地方および静岡市の児童相談所
2	AI情報	児童相談所の業務（児童虐待通告への初動対応や通告内容をもとに行うアセスメント業務）の対応品質向上、業務時間の削減のため、NECソリューションイノベータ株式会社のホワイトボックス型AIを導入。同ツールの特徴は、想像力をかき立て、伴走すること。また、音声認識AIによる記録業務の効率化を図る。
3	取り組み時期	中部地方：2022年12月～2023年3月 静岡市：2024年4月運用開始
4	目的・特徴	①経験の浅い職員でもベテラン職員と同じような着想で行動するための支援 ②児童相談所内のリスクアセスメントデータと、それに紐づくベテラン職員の知見・ノウハウをAIに学習させ、類似事例の参考にする
5	課題と今後の展望	①静岡市での実績を活かし、全国の児童相談所への展開を見据えて電話による通告時の音声文字化など音声認識AIのさらなる機能強化を進めていく。 ②さらに、家庭児童相談室やその他の関係機関も含めてノウハウを共有することで、子どもの福祉全体の支援強化を目指す。
6	AI思考の観点	AIへ「業界・ビジネスや人間関係等の知識」を学習させ、精度向上を図っている。データの内容が児童相談に関するものであり、利用者には高い「倫理」が求められる。
7	参照情報	①https://prtimes.jp/main/html/rd/p/000000330.000078149.html ②https://jpn.nec.com/press/202310/20231013_01.html

【No.2　公共】　東京都（業務効率化・高度化）

～文章生成AIを共通デジタルツールとして全局へ導入～

No	項目	記載内容
1	対象（範囲・規模）	全局（約5万人）
2	AI情報	Azure OpenAI Service上に、文章生成AIを導入
3	取り組み時期	2023年8月から開始
4	目的・特徴	Azure OpenAI Serviceを利用するのは、データ保護に向けて以下が実現できるため ①入力データが学習目的で利用されない ②入力データの保存をサーバー側で行わない
5	課題と今後の展望	①文章生成AI導入後も、継続的に職員の利用満足度や業務における効果等について検証し、利用環境の改善やさらなる活用につなげる ②好事例の横展開や情報収集・発信により、各局における積極的な活用を支援（東京都デジタルサービス局） ③プラグインサービスや、文章生成以外の生成AIなど、生成AIのさらなる活用可能性についても検討
6	AI思考の観点	「AIに関する知識・理解」および「倫理」の観点において、文章生成AI利活用ガイドラインを作成し、AIの活用可能性とリスクを明記。またセキュリティや著作権保護等の観点から、利用上のルールを制定している。
7	参照情報	https://www.metro.tokyo.lg.jp/tosei/hodohappyo/press/2023/08/23/14.html https://www.digitalservice.metro.tokyo.lg.jp/ict/pdf/ai_guideline.pdf

図4-4　文章生成AIのガイドラインPDFが公開されている

【No.3　金融】　三菱UFJフィナンシャル・グループ（業務効率化・高度化）

～自社専用のChatGPT導入～

No	項目	記載内容
1	対象（範囲・規模）	2023年中に全行リリースに向け行内環境でアクセスでき、立ち上げられるような環境を整備中
2	AI情報	Azure OpenAI ServiceにMUFG版「ChatGPT」を導入
3	取り組み時期	2023年4月にキックオフ
4	目的・特徴	①稟議書の作成アシストや金融レポートの要約、行内手続き照会など、すでに110以上のユースケースあり ②役員レベルでデジタル関連に理解があり、スピード感を持って取り組めるようにサポート
5	課題と今後の展望	【課題】 生成AI独自のリスクへの対応とMicrosoftのAzure基盤上での開発に関する知見を短期間でキャッチアップする必要がある 【今後の展望】 ①ChatGPTは銀行員に置き換わるものではなく、一人ひとりにつくアシスタントのようなもの ②パターン別の質問の定型文などを作成中のガイドラインに掲載することで、ChatGPTの便利さを行内全体に広めていく ③パワーポイントの作成やメールのドラフト作成、海外とのやりとりで英語翻訳などの業務が効率化され、増えた可処分時間をお客さまとの対話や会議といったアナログな業務に使えるようになれば良い

No	項目	記載内容
6	AI思考の観点	①「倫理」の観点において、入力したデータがOpen AI社の学習に利用されるという情報漏洩の危険性があるのに対し、MUFG版「ChatGPT」ではAzureの基盤上で環境を構築したことによって、入力データがOpenAI社側に学習されずセキュアな環境下で行内利用ができる。セキュリティ面でも問題なく利用可能 ②また「倫理」について同様に、情報セキュリティ意識が高いということはMUFG独自の強み。他企業の場合、「どこまでが公開していい情報なのか」という定義から検討している一方、MUFGでは情報ごとのセキュリティレベルの区分やセキュリティポリシーなどがすでに行員全体に浸透した状態で開発を始められた ③「AIに関する知識・理解」の観点において、「なんでこれをやるの?」ではなく、「もっと早く導入するには何がネックでどのように解消すれば良いか?」を実践。「全員が使いこなせるようにする」が目標
7	参照情報	https://www.mufg.jp/profile/strategy/dx/articles/0112/index.html

【No.4　金融】　京都銀行（業務効率化・高度化）

～地域金融機関初となる生成AI ChatGPTの試行導入～

No	項目	記載内容
1	対象（範囲・規模）	事務・管理業務、企画業務、営業
2	AI情報	Azure OpenAI Service上に、ChatGPTを導入
3	取り組み時期	2023年6月に試行導入を決定
4	目的・特徴	①Azure OpenAI Serviceは、厳格なセキュリティ基準の基運用されているため、入出力情報を適切に管理して二次利用されることなく利用できるために利用 ②業務効率化、生産性の向上、行員のAIスキル向上等 ③事務や管理に関する業務の削減・効率化を図るとともに、企画業務や営業分野に関する生産性の向上を進めている。今回の試行導入により、行員は「ChatGPT」に質問することで、文章の作成や要約、プログラム・コード作成などをチャット形式で簡単に行うことが可能となる
5	課題と今後の展望	―
6	AI思考の観点	「AIに関する知識・理解」および「倫理」においてChatGPTを利用するためのガイドラインを定め、顧客情報や機密情報等の取り扱いについては、法令・諸規定を順守のうえ、厳格に対応する
7	参照情報	https://www.kyotobank.co.jp/news/data/20230627_2700.pdf

【No.5 金融】 かんぽ生命保険（業務効率化・高度化）

～生成AI活用プラットフォーム「Graffer AI Studio」導入～

No	項目	記載内容
1	対象（範囲・規模）	保険商品やサービスを企画・開発する部署を対象
2	AI情報	生成AI活用プラットフォーム「Graffer AI Studio」を導入
3	取り組み時期	2023年10月
4	目的・特徴	①目的は、文章要約や資料構成案作成などの定常業務における生産性向上、企画立案時のアイデア出しなどのイノベーション創出 ②2023年6月からかんぽデジタルシステムズ株式会社との協働により、まずは検証用として独自の生成AIアプリを作成し、IT・デジタル部門の社員をユーザーとする実証実験を行い、利用ユーザーの意見を収集 ③生成AIに対するユースケースの向き不向きや、用途によるモデルとの相性、用意したプロンプトのテンプレートごとの効果やユーザーニーズを測定・確認できた。また実験に際し、チームごとに活用目標を設定し、実験後に達成度合を確認したところ、概ね良好な結果を得ることができた ④導入までのスピード感、セキュリティ、導入実績なども考慮
5	課題と今後の展望	①本施策を通して得た知見を活用し、2023年12月以降、順次対象部署を拡大 ②将来的には、生成AIに事前に学習された一般的な情報に加え、社内情報等を活用したお客さま接点業務の高度化や業務生産性の向上に向け、生成AI活用領域の拡大を検討
6	AI思考の観点	「AIに関する知識・理解」を高めるため実験を実施。また独自の生成AIアプリを作成し、環境変化への「適応力」を向上させている
7	参照情報	https://www.jp-life.japanpost.jp/information/press/2023/abt_prs_id001928.html

【No.6 金融】 明治安田生命 (業務効率化・高度化)

～ Azure OpenAI Service 上の ChatGPT 導入 ～

No	項目	記載内容
1	対象 (範囲・規模)	社内業務
2	AI情報	Azure OpenAI Service 上へ ChatGPT を導入
3	取り組み時期	2023 年 4 月から開始
4	目的・特徴	「ChatGPT」は文章の作成や要約、プログラムのソースコードの生成等をチャット形式で手軽に行なうことが可能であり、情報収集や資料作成等の生産性が大幅に向上することを期待
5	課題と今後の展望	業務効率化・高度化に向けた生成AIの本格導入を予定 ①情報収集や資料作成、プログラミングのサポート等の社内業務のほか、アイデア創出等の分野での活用 ②安心・安全に活用できる環境やルール等の態勢整備 ③Azure を利用し、情報が外部に漏れない当社独自のセキュアな環境で進める
6	AI思考の観点	「AIに関する知識・理解」と「適応」において、デジタル技術の積極的な活用を通じて、人とデジタルが融合した「信頼を得て選ばれ続ける、人に一番やさしい生命保険会社」の実現に向け取り組む
7	参照情報	https://www.meijiyasuda.co.jp/profile/news/release/2023/pdf/20230424_02.pdf https://xtech.nikkei.com/atcl/nxt/news/18/14600/ https://www.meijiyasuda.co.jp/profile/news/release/2023/pdf/20230424_02.pdf ChatGPT以外にも、AIを活用した身体計測技術 (Bodygram) のスマートフォンアプリを保険加入者に2023年1月から提供。AIを積極的に活用している。 https://xtech.nikkei.com/atcl/nxt/news/18/14600/

【No.7　金融】　東京海上日動（業務効率化・高度化）

～保険領域に特化した対話型AIの開発および活用～

No	項目	記載内容
1	対象（範囲・規模）	保険の補償内容・手続き方法といった社内における各種照会業務
2	AI情報	Microsoft Azure OpenAI Service 上での保険業務に特化した対話型AI。東京海上日動独自の開発環境で整備することで、入力情報の二次利用を防止するなど情報セキュリティ面に十分配慮して開発を進めている
3	取り組み時期	2023年6月に試験活用を開始
4	目的・特徴	①社内の業務効率化や顧客対応品質の向上等 ②ChatGPTに代表される大規模言語モデル（大量のテキストデータを事前に学習したモデル）を用いて保険領域に特化した対話型AIを開発して試験活用を開始する。対話型AIは文章の理解力と回答生成能力があるため、多くの業務で活用できる可能性がある
5	課題と今後の展望	保険業界では専門用語を含む複雑な内容のやりとりが多く、実務における対話型AI活用には一定のハードルがある。この課題の解決に向けてPKSHA Technology、日本マイクロソフトと連携し、大規模言語モデルを用いて保険領域に特化した独自の対話型AIを開発し、保険実務における活用を進めていく。2023年6月から開始する試験運用を通じて対話型AIの知見を蓄積し、2024年度中に全国の社員が活用できる機能としての導入を目指す
6	AI思考の観点	「AIに関する知識・理解」と「適応」において、試験活用から開始。また「倫理」観点で、情報流出のリスクを避けるため特定の契約情報や個人情報の取扱いに関するルールを設定
7	参照情報	https://www.tokiomarine-nichido.co.jp/company/release/pdf/230419_01.pdf

【No.8　金融】　みずほフィナンシャル・グループ/富士通 (共同) (品質・生産性向上)

～システム開発・保守に生成AIを活用する共同実証実験～

No	項目	記載内容
1	対象 (範囲・規模)	みずほフィナンシャル・グループのシステム開発・保守業務
2	AI情報	AIプラットフォーム「Fujitsu Kozuchi (code name) - Fujitsu AI Platform」を通じて生成AIコアエンジンを提供し、さらにはスーパーコンピューター「富岳」を活用した大規模言語モデルを活用している
3	取り組み時期	富士通が有する生成AIの活用を通じて、みずほのシステム開発・保守フェーズにおける品質向上やレジリエンス向上を目指す実証実験を、2023年6月から2024年3月まで共同で実施
4	目的・特徴	①設計書の記載間違いや漏れを生成AIで自動検出し、システム開発の品質を向上させることを目指す ②また、両社は、生成AIを活用することで改善された設計書からテスト仕様書を自動生成する技術も共同で開発していく
5	課題と今後の展望	従来は人間にしかできないと思われていたソースコードの生成やシステムの開発、保守に関連する作業について、生成AIを活用した技術による品質・レジリエンス向上を目指して検証していく予定
6	AI思考	「AIに関する知識・理解」と「適応」において、実証実験を実施。「業界・ビジネスや人間関係等の知識」を活かすため、対象領域を富士通の得意とするシステム開発・保守を選定
7	参照情報	https://www.fujitsu.com/jp/about/research/technology/ai/fujitsu-ai-platform/ https://www.mizuho-fg.co.jp/release/20230619release_jp.html

【No.9 IT】 アビスト／プラスゼロ
(共同) (品質・生産性向上)

~生成AIとAEIを組み合わせた製造業の設計・テストの品質・
生産性向上サービス~

No	項目	記載内容
1	対象 (範囲・規模)	製造業の設計・テスト工程
2	AI情報	AEI(Artificial Elastic Intelligence)とは、汎用人工知能に代わり、プラスゼロの提唱する「特定の限られた業務の範囲において、人間のようにタスクを遂行できるAI」。AEIは、ChatGPTの信頼性を高めることができる
3	取り組み時期	2023年6月
4	目的・特徴	①製造業全体の品質向上や生産性向上を実現するサービスの開発を目的とする ②生成AI技術と、プラスゼロが特許を保有している「AEI」を組み合わせることで、テスト項目の標準化だけでなく、テスト項目の言葉と実際の図面、3DCADの内容を正確に紐づけることにより、高いレベルの品質チェックの自動化を実現することができる ③製造業の品質検査で用いられているチェック項目の標準化を行い、テスト工程において、作業者固有の知識に依存することなく、ミスを低減し、品質向上に寄与する
5	課題と今後の展望	2021年9月、プラスゼロはAEIの根幹となる「意味理解AI」に基づく特許を取得した。今後、人間の言葉を高いレベルで理解できる「意味理解AI」の研究開発を進めることにより「AEI」を実現する
6	AI思考の観点	「AIに関する知識・理解」にもとづき、生成AIの課題である「信頼されるAI」、「責任のあるAI」へ対応
7	参照情報	https://prtimes.jp/main/html/rd/p/000000020.000070594.html

【No.10 IT】 パナソニック コネクト・パナソニック（業務効率化・高度化）

～ OpenAIの大規模言語モデルをベースに開発した自社向けの AIアシスタントサービス～

No	項目	記載内容
1	対象（範囲・規模）	パナソニックコネクト国内全社員（約13,400名） 2023年4月 パナソニックグループ国内全社員（約90,000名）
2	AI情報	ConnectGPT（パナソニックコネクト 2023年2月） PX-GPT（パナソニックグループ 2023年4月） ConnectAI（旧称ConnectGPT） AIの利用技術はセマンティック検索を採用し、対象となる情報は公式に公開されているウェブサイト・ウェブページ 約3,700ページ、ニュースリリース495ページ、対外向けのパナソニック コネクトホームページ3,200ページが対象
3	取り組み時期	2023年2月（試験運用）/ 2023年10月（業務活用を目標）
4	目的・特徴	社員のAIスキル向上、またシャドー AI利用リスクの軽減
5	課題と今後の展望	【AIの課題】 ①自社固有の情報に関する質問には回答はできない ②引用元などが不明のため回答の正確性を確認できない ③長いプロンプト入力にはハードルがある 【ConnectAIの今後の展望】 ①2023年10月以降は自社固有の社外秘情報に回答してくれるAIの活用開始を予定 ②カスタマーサポートセンターのデータを活用し、お客様回答に向けた社内業務改善・業務効率化 ③2024年度以降に個人特化AIとして、個人の役割に応じた回答をしてくれるAIの活用の検討

No	項目	記載内容
6	AI思考の観点	「AIに関する知識・理解」と「適応」において、プロンプトを音声で入力できるようにする。また、AIを活用する社員個人が回答結果の真偽を検証できるよう、回答の引用元を併せて表示する機能を開発。9月からの試験運用期間を通じて有効に機能するか、また情報漏洩に問題がないかという点について、併せて検証
7	参照情報	https://news.panasonic.com/jp/topics/205071 https://news.panasonic.com/jp/press/jn230414-1 https://news.panasonic.com/jp/press/jn230628-2

今後のAI活用戦略

AI活用を4段階で深化させ業務変革を加速させます

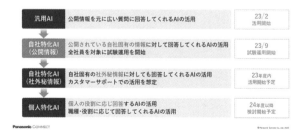

図4-5　24年には社員一人ひとりに特化したAIの導入も予定

【No.11　IT】　Hacobu（業務効率化・高度化）

～ ChatGPT および GitHub Copilot for Business 導入による業務プロセスの改善 ～

No	項目	記載内容
1	対象（範囲・規模）	全エンジニアのあらゆる業務プロセス
2	AI情報	ChatGPT の技術を搭載した「GitHub Copilot for Business」を全エンジニアに提供し、エンジニアの生産性や開発者体験の向上を促進し、プロダクト価値の向上とその迅速な提供を加速させる
3	取り組み時期	2023年4月開始
4	目的・特徴	①最新の技術を効果的に業務プロセスに取り込むことで、全社的な生産性向上を推進している ②あらゆる部署に、ChatGPT を活用し、業務プロセスの改善に取り込むことで、全社的な生産性の向上を図るプロジェクトを始動した
5	課題と今後の展望	Hacobu社員のAIリテラシーの向上ともなるよう、今後も社会情勢を鑑み、技術トレンドを先読み、技術活用を推進していく
6	AI思考の観点	「AIに関する知識・理解」および「倫理」の観点において、セキュリティを意識。Web版のChatGPTでは入力データによる学習が行われることから、機密情報の漏洩リスクが問題視されている。Hacobuでは、モデルの学習には用いられないと明記されているAPI連携のみを利用した社内システムを構築・活用する。同社の取り組みの特徴として、GitHub Copilot for Businessがコードスニペットを保持しない事を確認した後、社内で利用希望を公募。大多数のエンジニアから利用希望が出たため、社長承認を依頼。公募から承認まで50分というスピードで新技術へ「適応」したことがあげられる
7	参照情報	https://prtimes.jp/main/html/rd/p/000000156.000018703.html https://www.tc3.co.jp/github-copilot-for-business/

【No.12　IT】　アルティウスリンク（業務効率化・高度化）

〜カスタマーサポートへの生成AI活用 〜

No	項目	記載内容
1	対象（範囲・規模）	社員5,000名を対象に生成系AIを活用したチャットサービスの業務利用を開始
2	AI情報	生成AIを社内コミュニケーションツールにAPI連携させて、社員が使用できる環境を整えた。同環境は入力情報が学習データとして二次利用されない仕様になっており、社内インフラからのみ利用可能とすることで、セキュリティを担保している
3	取り組み時期	2023年6月開始
4	目的・特徴	新サービスの創出やオペレーションの高度化、業務効率化に向けて最新技術の検証を行っており、生成AIに関してもカスタマーサポートへの活用に向けた研究開発を進めている
5	課題と今後の展望	「AIに関する知識・理解」と「適応」において、日常的に生成系AIを利用することで、社員一人ひとりがリテラシーを高めながら、新たな活用アイデアの創出につなげ、カスタマーサポートをはじめとしたビジネス展開を目指す
6	AI思考の観点	カスタマーサポートを事業の一つとする同社において、チャットと生成系AIの親和性は高いと考えられる。既存のDX戦略本部を中心とした取り組みであり、新技術へ上手に「適応」している 「倫理」観点からも学習データを二次利用されない仕様、かつ、利用ガイドラインも定めており、バランスの取れた取り組みができている
7	参照情報	https://prtimes.jp/main/html/rd/p/000000243.000002501.html

【No.13　IT】　エーアイセキュリティラボ（セキュリティ向上）

～ 脆弱性診断分野における生成AI活用 ～

No	項目	記載内容
1	対象（範囲・規模）	認識AIを活用した同社の従来のWebアプリケーション脆弱性診断ツール「AeyeScan」は、大企業のセキュリティ部門や大手セキュリティ専門会社等から非常に高い評価を受け、有償契約100社を突破
2	AI情報	認識AI、生成AIの2段階での取り組み。（下図）
3	取り組み時期	2023年6月より、生成AIの活用に関する研究開発を開始
4	目的・特徴	サイバーセキュリティ分野でのAI活用により、高精度な脆弱性診断を実現
5	課題と今後の展望	認識AIは顧客からの高い支持を得ているが、依然として人手による作業が残る部分がある。このため生成AIを活用してさらなる利便性と精度向上を目指すべく研究開発を開始。具体的には、大規模言語モデル（LLM）を活用し、診断に関するあらゆるタスクの自動化に取り組む。この取組みにより、日常的に使う自然言語での指示が可能となり、より簡単に高度な診断の実現を目指す
6	AI思考の観点	「AIに関する知識・理解」と「適応」において、AI活用に向けた段階的なアプローチを実施。同社の持つ「業界・ビジネスや人間関係等の知識」を活かした取り組みを推進
7	参照情報	https://thebridge.jp/prtimes/486794

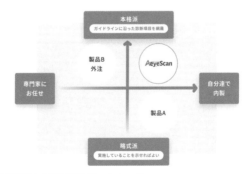

図 4-6　他社製品との差別化を図った AeyeScan

【No.14　IT】　LegalOn Technologies
（顧客への付加価値向上）

〜 AI契約審査プラットフォームにおけるChatGPTのAPIを活用した「条文修正アシスト」機能の提供〜

No	項目	記載内容
1	対象（範囲・規模）	LegalOn Technologiesの対象顧客向け
2	AI情報	ChatGPTのAPI を利用し、AI契約審査プラットフォーム「LegalForce」に「条文修正アシスト」機能を提供
3	取り組み時期	2023年5月（オープンβ版）
4	目的・特徴	①法務担当者は、契約書の審査、修正をする際、過去締結した類似の契約書や当該契約書の契約類型に関する法律知識を踏まえて、当該契約書にあわせた修正文案を検討。修正文案の検討には適切な言葉選びや表現などが必要とされ、適切な文章作成にかかる労力は大きな課題 ②契約書を修正する際に参考になり得る文章を提案し、適切な文章作成にかかる労力を軽減し、契約書審査業務の効率化を支援 ③「LegalForce」で契約書の編集が可能になるオンラインエディター機能と連携し、スムーズに契約書内の条文修正を行える ④「ChatGPT」APIを活用した「条文修正アシスト」機能を提供開始することで、契約審査業務のさらなる効率化を支援予定
5	課題と今後の展望	【課題】 弁護士以外の法律業務を禁じた弁護士法72条により、AI契約書レビューは「違法の可能性がある」と法務省が回答している。実際には、個別具体的に判断される可能性あり 今後は、AI契約書レビューに関する規制の策定が進められ可能性あり
6	AI思考の観点	同社の持つ「業界・ビジネスや人間関係等の知識」を活用するため、AIを利用 AI契約書レビューが適法となるかは「倫理」上の論点となるため、今後も着目すべき事例
7	参照情報	https://legalontech.jp/6080 https://legalontech.jp/5504/ https://ai-contract-review.org/

【No.15 医療】 新医療リアルワールドデータ
（顧客への付加価値向上）

~生成AI等を用いたデータ収集と医療DXの加速~

No	項目	記載内容
1	対象（範囲・規模）	自社サービスを対象とした生成AI等のデータ取り込み
2	AI情報	電子カルテに蓄積された医療情報等の非構造データに関し、生成AI等の新たな技術を用いて構造化し、自社が提供するCyber Oncology®をはじめとするCyber Rシリーズに収集・蓄積する取組みを進める
3	取り組み時期	2023年6月開始
4	目的・特徴	患者の治療目的での活用や臨床研究および医薬品開発等の用途に合わせた最適な形式でデータを活用。データの活用により、医療の質の向上、臨床研究や医薬品開発の促進に寄与する
5	課題と今後の展望	取組みを通じ、医師およびメディカルスタッフの追加的な負担なく、データを収集し利活用するスキームを作り上げることにより、次世代医療の発展に貢献する
6	AI思考の観点	同社の持つ「業界・ビジネスや人間関係等の知識」を活用するため、AIを利用。
7	参照情報	https://prime-r.inc/newsrelease/621/

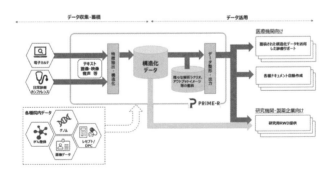

図4-7　電子カルテなどの医療データをAIによって構造化・収集する

【No.16 食品・飲料】 アサヒビール（業務効率化・高度化）

～ナレッジマネジメントツール「saguroot」と生成AIを組み合わせた資料要約サービスの導入～

No	項目	記載内容
1	対象（範囲・規模）	主にR&D部門の社員
2	AI情報	Azure OpenAI Service
3	取り組み時期	2023年9月上旬予定
4	目的・特徴	①Azure Cognitive SearchやCosmos DBにより、PDFやPowerPoint、Wordなどのさまざまな形式の資料データに対し、ファイル名だけではなく、ファイル内の文章、画像を含めて複合的な検索が可能 ②検索結果は、サムネイルや資料の概要に加え、Azure OpenAI Serviceによって生成された100字程度の要約も表示されるため、資料データが検索の目的と合致しているか一目で確認できる ③「Azure OpenAI Service」をはじめとするAzureを利用することで、情報が外部に漏れない環境を構築する
5	課題と今後の展望	①将来的にはアサヒグループ社内に点在している技術情報を集約・整理し、効率的に取得しやすくすることで、グループの知見を生かした商品開発の強化や業務効率化を目指す ②商品開発だけでなく、全社員の業務効率化を目指して、さまざまなシステムへの生成AIの導入を検討
6	AI思考の観点	①「AIに関する知識・理解」と「適応」の前提として、中期経営方針において、3つのコア戦略のひとつとして「DX=BX（ビジネス・トランスフォーメーション）と捉え、3つの領域（プロセス、組織、ビジネスモデル）でのイノベーションを推進」を掲げている ②アサヒグループジャパンでは、5月下旬に業務効率化や高度化、生活者インサイトの掘り起こしなどを目的に『ジェネレーティブAI「やってTRY」プロジェクト』を発足し、生成AIの試行を通して同技術に関する利活用の知見を蓄積
7	参照情報	https://www.asahibeer.co.jp/news/2023/0727_2.html

【No.17　食料・飲料】　日清食品ホールディングス（業務効率化・高度化）

～自社専用の対話型AIの導入（NISSIN AI-chat (GPT-4)）～

No	項目	記載内容
1	対象（範囲・規模）	日清食品グループの国内事業会社（一部を除く）の社員約3,600人
2	AI情報	Azure OpenAI Service上に、自社専用の対話型AIの導入（NISSIN AI-chat (GPT-4)
3	取り組み時期	2023年4月から開始
4	目的・特徴	対話型AIから得られた情報にはプライバシー、コンプライアンス、フェイクなどの問題が潜んでいることから、情報の二次利用に関するリスクを「チキンラーメン」のキャラクター「ひよこちゃん」を活用して注意喚起
5	課題と今後の展望	【課題】 ①入力した内容の情報漏洩リスク ②二次利用に際する不適切な流用リスク 【今後の展望】 ①湖池屋、ぼんち株式会社への展開 ②海外展開 ③社内データ学習基盤構築 ④レベル別プロンプトエンジニアリング研修
6	AI思考の観点	①「論理力」の観点において、使い方を誤ることによりChatGPTに依存して自らの思考を怠るようになる ②「AIに関する知識・理解」と「適応」においてシステム高度化に伴う適切なアクセス制御および運用ルールの整備。またNISSIN AI-chat 利用データの取り扱いに関する運用ルール策定 ③「倫理」において、コンプライアンス委員会と連携した 具体的な事例に即した啓蒙施策を検討
7	参照情報	https://www.nissin.com/jp/news/11557 https://www.meti.go.jp/shingikai/mono_info_service/digital_jinzai/pdf/010_02_00.pdf

【No.18 食品・飲料】 南部美人（品質・生産性向上）

~深層学習、画像処理技術による「視覚」のデータ化と活用~

No	項目	記載内容
1	対象（範囲・規模）	酒造りにおける「浸漬」（酒米を蒸す前に水に浸す作業）の品質向上 （どんな酒蔵でも必ず通る工程で、たった1％の吸水率の違いで酒の仕上がりが大きく変わる。日本酒造りの基本となる、ものすごく重要な作業）
2	AI情報	アイマ社による専用ガジェット（筒状容器の中にUSB電子顕微鏡や温度計、LED照明を搭載）を開発し、画像認識・データ化 酒米を見ずに浸す最適な時間について、ディープラーニング（深層学習）によるデータ蓄積を実施
3	取り組み時期	2019年7月
4	目的・特徴	20年～30年先を見据え、日本酒業界で初となるAIを活用して職人技術を継承する
5	課題と今後の展望	①味覚と嗅覚をデジタルデータに変換できるセンサーがない（このため、本取り組みでは画像認識を実施） ②現場では、想定外の失敗も起きた。酒蔵の気温が低すぎて、機械が動かなくなってしまったこともあった。ようやく基礎となるデータが揃ったが、人間の判断レベルにAIが到達するためには更なるデータが必要
6	AI思考の観点	同社の持つ「業界・ビジネスや人間関係等の知識」を活用するため、AIを利用
7	参照情報	https://change.asahi.com/articles/0014/

【No.19　交通】　南紀白浜エアポート（品質・生産性向上）

～ドライブレコーダー×AIを活用した空港滑走路の調査および点検～

No	項目	記載内容
1	対象（範囲・規模）	南紀白浜空港(和歌山県)の滑走路
2	AI情報	マクニカが運用する自動運転車両「macniCAR-01」にドライブレコーダーを設置し、滑走路を含む空港制限区域内を走行。ドライブレコーダーで撮影した滑走路路面状況の画像をNECが開発したAIが解析し、路面の亀裂・損傷等を自動で検知することで、デジタル技術を活用した人力のみに依存しない点検体制を構築する
3	取り組み時期	2023年10月より実証実験を開始
4	目的・特徴	①車両を運転しながら「目視」で実施している日常点検および巡回点検を「AIによる自動検知」に置き換える ②点検者の技術力に依存しない定量的な点検方式の確立 ③点検車の無人自動運転の実現
5	課題と今後の展望	実証実験を通して、空港制限区域内の自動走行に係る知見の蓄積や課題の抽出を行い、レベル4相当の自動運転走行(運転者や保安要員が乗車しない車両走行)の実現、および空港におけるスマートメンテナンスによる運用の効率化を目指す
6	AI思考の観点	人依存から脱却するため、AIに「適応」し、業務改善を図っている
7	参照情報	①https://jpn.nec.com/press/202310/20231017_01.html ②http://shirahama-airport.jp/application/files/2616/7754/7734/2022.pdf

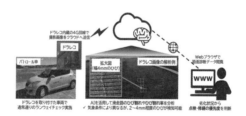

図 4-8　専用車のドライブレコーダーで滑走路の状態をチェック

【No.20　交通】　JR西日本グループ（業務効率化・高度化）

～生成AIチャットボットサービスの導入～

No	項目	記載内容
1	対象（範囲・規模）	初期段階では本社社員（約 2,000 名）を対象
2	AI情報	Azure OpenAI Serviceに生成 AI チャットボットサービスを導入
3	取り組み時期	2023 年 10 月から開始
4	目的・特徴	各種業務を遂行する際のパートナーとして社内向けチャットボットを使い、社員の業務効率化にとどまらず、業務品質の向上により新たな価値創出を図る
5	課題と今後の展望	①生成 AI チャットボットサービスの機能拡充に加え、生成 AI 活用の検討体制を立ち上げ、生成 AI を鉄道システムに組み込むことで鉄道の生産性をさらに高める ②グループ全体にも拡大するなど、イノベーションを生み出し続ける働き方への変革に挑戦する。 ③社内向けの生成 AI 環境を整えることにより社員のリテラシーを高め、生成 AIを活用する新たなシステムの構築、および業務変革やサービス向上への布石とする
6	AI思考の観点	「AIに関する知識・理解」を高めるため、段階を踏んだ導入を実施
7	参照情報	①https://www.westjr.co.jp/press/article/items/231013_00_press_ai_6.pdf ②https://www.westjr.co.jp/press/article/2023/09/page_23439.html

【No.21 サービス】 ビッグホリデー
（顧客への付加価値向上）
～ AI社員「本郷一花」による旅行ブログ配信 ～

No	項目	記載内容
1	対象（範囲・規模）	旅行商品の企画・販売を手がけるビッグホリデーの顧客向け
2	AI情報	ChatGPTとstable diffusionという生成AIを活用して、独自の視点で旅行先を紹介する記事を作成する。訪れた場所の情報や写真、体験談をAIが解析し、魅力的な旅行記事を自動生成する
3	取り組み時期	2023年5月から開始
4	目的・特徴	旅行計画を立てる際に役立つ情報や、旅行中の楽しみをさらに増す情報など、顧客のさまざまなニーズに対応するため（その土地の風景や食べ物、文化など、幅広い情報を網羅している）
5	課題と今後の展望	今後もAIを活用した新たな価値の提供を目指す
6	AI思考の観点	AIに「適応」するため、同社の持つ「業界・ビジネスや人間関係等の知識」を活用し、新サービスを展開
7	参照情報	https://digitalist-web.jp/trends/domestic/0kMBx

写真はAIが作成したイメージ画像です。

図4-9 AI社員「本郷一花」の旅の様子をAIが生成している

【No.22　サービス】　Gunosy（顧客への付加価値向上）

〜 AI による海外ニュース記事の日本語要約サービス提供〜

No	項目	記載内容
1	対象（範囲・規模）	同社が提供する NewsPresso というサイトのユーザー向け
2	AI情報	OpenAI 社が提供する GPT-4 を活用。サービス開始段階では英語圏のみ
3	取り組み時期	2023年5月開始（テストリリース）
4	目的・特徴	①英語を原文とする日々の海外ニュースの要約文章を掲載（1記事につき3行程度） ②ユーザーが要約文章を確認することで、英語記事を読む前にあらかじめ概要を把握できるため、スムーズに海外記事へ遷移できるよう手助けする（1日に20〜30記事程度の記事紹介を想定） ③情報鮮度を高め情報格差を減らすこと、英語記事に対する情報取得コストの低減、コンテンツとユーザーとのマッチングができるサービスとなる
5	課題と今後の展望	今後は英語圏以外の言語にも対応を検討
6	AI思考の観点	同社の持つ「業界・ビジネスや人間関係等の知識」に、AIを活用し、新サービスを提供。
7	参照情報	https://gunosy.co.jp/news/388

図 4-10　ニュースの要約文を AI が生成している

【No.23　サービス】　セガサミーグループ
（業務効率化・高度化）

～自社専用のAIチャットボットの導入～

No	項目	記載内容
1	対象（範囲・規模）	グループ従業員15社6,000人以上
2	AI情報	Azure OpenAI ServiceにAIチャットボットを導入
3	取り組み時期	2023年8月から開始
4	目的・特徴	①AIチャットボットをMicrosoft Teamsで使えるよう独自開発 ②過去の会話履歴を継承できる ③プロジェクト等の専用用途に向け、社内ネットワークから安心してアクセスできるOpenAI社の生成AI実行環境を整備し、これまでに30件以上のプロジェクトで開発・業務効率の向上に取り組んでいる ④AIチャットボットの得意・不得意領域や利用シーンに応じたプロンプト例を解説する動画を作成し、グループ従業員へ提供している ⑤急速に進化する生成AIを活用していくために従業員同士の知識や経験を共有する社内コミュニティを開設。AIに関するチャネルは1,700人を超える従業員が参加し、生成AIの活用に向けたノウハウの共有や相談が展開されている
5	課題と今後の展望	①2023年秋から北米・欧州等の海外拠点にも展開する予定 ②社内規程やFAQなど社内情報を学習したAIチャットボットとデータ基盤を学習したAIモデルを構築
6	AI思考の観点	①「AIに関する知識・理解」と「適応」において、開発と既存業務の効率化に貢献し、エンタテインメントの可能性を大きく拡大させる可能性があるとして、2023年3月に生成AIの活用に向けたワーキンググループを設立。また2023年3月中にグループ従業員が安心して生成AIを活用し、ノウハウを蓄積できるためのガイドラインを制定 ②今後のビジネスでAIを活用したいと考える従業員向けに、全4回の社内セミナーを開催。合計20を超えるグループ会社から延べ1,300人以上の従業員が参加した
7	参照情報	https://www.segasammy.co.jp/cms/wp-content/uploads/pdf/ja/20230919_segasammy_release1.pdf

【No.24　建設】　YKK AP（業務効率化・高度化）

～ AIを活用した業務プロセスや予測精度の標準化を試行～

No	項目	記載内容
1	対象（範囲・規模）	生産本部DX推進プロジェクト
2	AI情報	AI技術を活用した業務プロセスのデジタル化への取り組みとして、建材商品の販売データを基にした需要予測のAIを導入 Prediction OneというAI（データさえ用意すれば、数クリックで高度な予測分析を自動的に実行できるソフトウェア）を利用することでセキュリティを担保し、分析を進めている
3	取り組み時期	2022年
4	目的・特徴	①経験と勘と度胸に基づく業務の属人化の解消 ②属人性が高いことによる業務負荷集中の平準化
5	課題と今後の展望	今はまだ限られた商材のみで需要予測をしているため、可能な限り別の商材にも広げていきたい。また、今は月次予測に取り組んでいるが、日次での予測もしていきたい さらには時系列予測だけでなく、二値分類など、分析の幅も広げていきたい
6	AI思考の観点	「AIに関する知識・理解」を高めるため部分的にAIを導入。またAIに「適応」した業務プロセスを試行。 建材商品の販売データの需要予測という難易度の高いテーマについて、人の勘・経験・度胸に頼らずAIへ積極的に「適応」している 過去の他部署でのAI取組みの知見を活かし、「AIに関する知識・理解」を深め、次への期待を明確にしたうえで、トライアル版を試した上で限定した商材の需要予測を実施。更なるAI適用領域の拡大を検討されており、新技術の導入リスクへ「論理的」な対応ができている模範的なAI導入事例
7	参照情報	https://predictionone.sony.biz/case/18ykkap/

【No.25 不動産】 東急不動産（業務効率化・高度化）

～自社特有の契約ルールも反映できる契約書レビュー支援サービスで契約審査業務を効率化～

No	項目	記載内容
1	対象（範囲・規模）	法務部 法務グループ（8名）の契約書レビュー業務（業務時間の約5割）
2	AI情報	GVA assist（ジーヴァアシスト）の「AIリスク検知」機能を利用し、自社の基準や関連情報を検索・参照しながら契約書レビューを実施することにより効率化
3	取り組み時期	2020年9月
4	目的・特徴	①日常業務内で大きなウェイトを占める契約書レビュー時間の低減 ②蓄積してきたレビュー・ツールをナレッジとして集積、活用 ③レビュー時のチェック漏れの不安を解消
5	課題と今後の展望	（GVA assistへのユーザー要望）契約書レビュー基準をセットするフローは、もっと楽に作業完了できるようになって欲しい。1つの契約類型だけでも多様な分岐や関連情報があるため、それらをセットするのに必要な作業はできるだけ減らしてほしい
6	AI思考の観点	AI導入の期待効果が高い業務を適切に分析したうえで、AIに「適応」し、業務を効率化 法務部が事業の成長を法的側面から積極的に支援する業務に時間を割くため、通常業務の5割の時間を占める契約書レビュー業務に対してAIを活用 本書のChapter3「組織へのAI導入」でも触れた人間をより高付加価値の業務へシフトさせるため、新技術へ「適応」している AIツールの選定時、サービス提供会社の基準に振り回されず、同社のナレッジを活用できるサービスを選定している点は重要。同社の「業界・ビジネスや人間関係等の知識」に基づいており、また「AIに関する知識・理解」を深めたうえで、ツールが選定できている
7	参照情報	https://ai-con-pro.com/case/tokyufudosan/

2 | AI思考による企業分析

企業の生成AIの導入事例からわかること

　ここでは、導入事例を収集、整理した際に気が付いたことについてまとめます。整理する際には「技術的特徴」、「組織・体制面の特徴」、「AI思考の観点からの特徴」の3つの特徴からまとめています。

《技術的特徴》

　大部分の導入事例が組織、会社全体、グループ全体（国内・海外）を網羅する形での導入または導入計画を持っていることが非常に印象的です。従来のAI導入は特定の部門、部署やサービスに特化した形が中心でしたが、生成AIの場合は全従業員が利用することを前提とした、経営主導の導入スタイルの組織が非常に多いと感じます。

　Chapter 3「AIをビジネス組織・ビジネスパーソンへ実装する」でも触れましたが、AI導入時には「経営」がコミットすることは非常に大切です。従来のDXでは現場任せの事例が多く、製品採用の情報ばかりが目立っていましたが、今回の発表資料の多くでは傾向が大きく異なると感じています。

　この部分は今回の生成AIの特徴そのものであり、組織に対

するインパクトの大きさを端的に表しているといえると思います。

《AI思考の観点からの特徴》

ここではAI思考の観点からの特徴をまとめてみます。

1. 論理的思考

多くの事例では生成AIから得られる結果に対して、最終的に人間が判断する必要があるということを強調しています。生成AIの回答は必ずしも正確ではなく、回答としては不十分な場合があることに関して、人間が論理的思考を用いて対処していく重要性が今後ますます高まることが予想されます。

2. AIに関する知識・理解

技術的特徴でも触れましたが、「Azure OpenAI Service」を選択している事例が多いということからもAIに対するメリット、デメリットをよく理解、整理した上で採用していることがわかります。そして、AIに関する利用者への知識共有、教育、訓練なども用意されている例が多いことからも、各組織では生成AIを取り巻く状況を理解することが必要と考えているのがわかります。

3. 業界・ビジネスや人間関係等の知識

この部分は上の2でも触れているAIに関する利用者への知識共有、教育、訓練に含まれていることが期待されますが、事

例からは具体的な内容、取り組み等を把握することはできませんでした。

AIの利用者を対象とするのではなく、AIを対象に各社が持つ「業界・ビジネスや人間関係等の知識」を学習させる試みはいくつかの事例で実施されています。

4. 適応力

ここは、各社事例を見ても非常に柔軟に考えていることがわかりました。従来のITシステム、DXの取り組み事例では要件定義が行われ、導入目的を定めている印象がありました。生成AIには今後、組織、社会の在り方を変えていく可能性は理解しつつも、まだまだ、発展途上であり、どんどん変化していくものであるという理解の基で導入が進んでいることが分かりました。

5. 倫理

多くの事例では、ガイドライン作成や生成AI利用時における注意点に関してきちんと言及しています。生成AIは決して完全なものではなく、誤った回答、人として受け入れがたい回答をする場合があることや、データの利用に関する著作権やプライバシーを含めた課題について、各組織が十分に認識しているからこそ、倫理面を含めたガイドラインを作成しているのではないでしょうか。

以上、大きく2つの観点から生成AIの導入事例を分析しま

したが、これ以外にも気が付いたことがいくつかありますので、ご紹介します。

①導入までの期間・意思決定の速さ

生成AIのブームは2022年後半くらいから始まったものですが、ブームから1年も経過しないうちに、組織、企業全体に取り入れられていることは驚くべきことではないでしょうか？これまでも、インターネット、携帯電話、クラウドなど大きなターニングポイントとなる技術、ブームは何度か現れていますが、今回ほどのスピードをもって、広まったことははじめてであると思います。

従来は新しい技術が発表されても、企業は「検討中」、「部分導入」が大半でしたが、今回は異次元のスピード感をもって導入が進んでいます。もちろん、このスピードが実現できるのは人間の意思決定だけではなく、インターネット、クラウドなど環境面の整備が進んでいるということも大きな要因です。別の観点からは、スピード感をもって変化していくことが、ビジネスを進める上でより大切になっていると言えます。

この動きは「実装の進捗をチェックする」（154ページ）でご紹介した「OODA（観察（Observe）・状況判断（Orient）・意思決定（Decide）・実行(Act)」そのものではないでしょうか。

②適用範囲の違い

　他の章でも触れていますが、従来のAIは組織内の特定の部門や人だけが使えるものでした。今回は組織全体であり、特定のビジネス・サービス目的ではなく、日常的な業務での利用を想定した導入になっています。

　違う表現をするならば、「みんなのAI」を想定していることが特徴的です。これまではAIの導入、利用には専門知識が必要だったものが、誰でも使えるものへと変革していることが今回の生成AIブームの技術的な違いであり、従来とはまったく異なる視点から導入が行われているのではないでしょうか。トレンドに敏感な経営層がいる企業では、その違いにいち早く気が付き、経営主導の導入が行われていると思います。

　ビジネスパーソンの観点で考えてみると、これまでコンピューターがビジネスに取り入れられてきた変化の一部としてAIを理解することが必要です。

③ビジネスにおけるコンピューター利用の歴史

1970〜1980年代：ホストコンピューター、端末を一部の専門家、特定分野で利用

1990〜1999年代：Windows/UNIXの登場、インターネットの商用化による利用者の広がり

2000年代前半：インターネット、メール、Officeソフト利用が当たり前、この頃からITという言葉を使う

2010年頃〜現在：クラウド、スマホの利用とDXが当たり前

改めて過去50年を振り返ってみる環境は大きく変化しています。そして、ビジネスパーソンはこの変化に対して適応していくことが求められています。少し前までは、限られた人だけがコンピューターを利用していましたが、大衆化し、キーボードが使えなかった人も使えるようになりました。また、紙文書中心からOfficeソフトを使った電子化が行われています。

　以前は紙文書、書籍などで得た、一部の物知りの人が重宝されていた時代からGoogleを代表とする検索サイトを使うことでいつでも、だれでも簡単に膨大な情報、地球の裏側の情報を調べることができる時代へと変化しました。その変化に常にビジネスパーソンは順応してきましたが、生成AIに関してもビジネスパーソンは順応することが求められているのではないでしょうか。

④AI事例の多さ

　今回事例で掲載した企業の多くでは、生成AIだけでなく、さまざまなAI活用をすでに実施済ないしは、計画しています。今回の生成AIブームはChatGPTが発端であると考えていますが、事例を掲載した企業では従来ある機械学習や深層学習などのAIも活用している企業が多くありました。ここからわかることは、AIは一つではなく、目的用途とそれぞれのAIの持つ特性を正しく理解した上で活用していくことが大切になるということです。

ここでは25組織のAI導入事例を紹介しましたが、AIの導入事例はインターネット上を検索しただけでも何倍もの数が見つかりますし、組織、企業によっては必ずしも公開されるわけではありません。

　AIの導入は「まだ早い」ではなく、「すでに始まっている」状態ですので、AI導入に関して慎重になっている組織があれば、すぐに検討を開始されることをオススメします。

ノースサンドに
おける実践

Chapter 5

1 │ NotionとAI

　ここまでは本書のタイトルでもある「AI思考」について考え方、知識、実装方法、事例を紹介してきました。このChapterではノースサンドのAI思考の実践例、とくにAIツールであるNotion AIを詳細にご紹介します。

　ノースサンドでは「Notion」プラットフォームとそのオプション機能である「Notion AI」をコンサルタントやバックオフィスを含む全社員に提供しています。またノースサンドの強みは「人」であることを掲げ、AI時代が到来してもブレない「8 Rules」という行動指針を定めています。

　ここでは、「Notion」とノースサンドの関係を簡単にご紹介し、「Notion」・「Notion AI」が提供する機能に言及した後、「8 Rules」と「AI思考」の関係性について議論を深めていきます。

《Notionとの出会い》

　ノースサンドの事業の中心である「ITコンサルティング」を進めていく上で、ビジネスの拡大、従業員の増加により社内情報が散在することが課題でした。Notion導入以前にも他の情報共有ツールを利用していましたが、複数のツールに情報が散らばっていて情報があるにもかかわらず、どこを探したらいいのかわからず、欲しい情報を手に入れることができない、探す

ために時間を費やしていた状態でした。

その課題を解消するツールが2018年に導入を行ったNotion
でした。

導入後には社内ポータル作成から始まり、社内のすべての情
報をNotionに格納することでほしい情報がすぐに入手できる
環境を作り上げることができました。そして今では「Notion」
の世界初の代理店となり、100社以上の企業へNotionの導入を
支援しています。

Notion AIとは

《Notionとは》

そもそもNotionは、米Notion Labs（以下、Notion社）に
よって開発されたSaaS型のコラボレーションツールです。Not
ion社は2014年に設立され、「Notion」を2016年にリリース。現
在の時価総額は100億ドル（約1兆4,000億円）を超えています。
当初は日本ではあまり流行っていませんでしたが、2021年10
月から日本語対応のベータ版を開始。そして2022年6月に日本
法人のNotion Labs Japanを設立し、2022年11月には日本語版
の正式版のリリースを発表し、現在は情報感度の高い層を中心
に人気を博しています。

Notionは、さまざまな情報を集約することで、簡単に情報
共有ができ、メンバーとメンバーのコミュニケーションの促進
を可能にするだけでなく、他のツールとも連携が可能な「コネ

クテッドワークスペース」です。「タスク管理」「プロジェクト
管理」「チームビルディング」にとどまらず、さまざまな仕事
に対して強力に支援するSaaSアプリケーションです。各人が
Notionを使うことでチームの効率が向上し、会社全体の業務
効率の向上が期待できます。

　Notionはよく「便利なメモ帳」と表現されることがあります
が、実は単なるメモ帳ではなく「タスク管理」「プロジェクト
管理」などあらゆることができるオールインワンのサービスで
す。そして、その機能は個人、チームの要求に対応できるよう
なカスタマイズ機能が充実しており、他のSaaSなどと連携で
きるようAPIも提供されています。優れたカスタマイズ機能
を活用することで、チーム、企業のカルチャーに合致したタス
ク管理・プロジェクト管理を実現できます。しかも、コーディ
ングの知識、経験は不要ですので、誰でも簡単に使うことがで
きます。

　多くの企業ではデジタルな作業場所として複数の製品を使い
分けているのではないでしょうか。具体例を出すと、以下の通
りです。
・メモや議事録はメモ帳やOneNote
・表の作成や、関数の計算はExcel
・発表資料の作成はPowerPoint
・マニュアルの作成はWord
・ドキュメントの保存先はSharePointやBox

SharePointに格納したExcelでデータの表を見ながら、同時にPowerPointで資料をまとめる、といったように複数のツールを組み合わせて作業することも少なくないと思います。

　多くの人はこの作業スタイルに慣れているとはいえ、もしさまざまな作業を一つのツールで行うことができれば、もっと効率的に作業できるのではないだろうかという考えの下で開発されたのがNotionです。

　最近ではこの機能が評価され、個人利用ではなく、企業や趣味の団体のような複数人による利用を前提とした導入が急速に増加しています。

《Notion AIとは》

　このNotionに新たな機能として加わったAI機能が「Notion AI」（2023年2月23日）です。Notionは「コネクテッドワークスペース」ですから、今後、ビジネス分野での活用が期待されている「生成AI」を使用したアシスタントサービス機能の追加は必然でした。

　ChatGPTはその名の通り「チャット形式」であり「対話」を目的としたインターフェイスです。一方、Notion AIは元々のNotionの使い勝手をAIにより向上させることを目的としています。

　Notion AIでは命令を入力すれば、調べ物だけでなくNotionのページに蓄積した多くのテキストデータを元に文書の作成、校正、テキスト文書の要約や翻訳ができます。

そしてNotion AIの主な特徴はNotion内にある大量のデータを活用、連携してくれることです。
・関連するページや情報を推奨
・ページの内容を自動的に解析し、適切なタグを付与
・ページ内の文章の要約
・ページの内容の翻訳

具体的な使用例

　たとえばNotionで議事メモを作成した後、議事メモ中にあるタスク、決定事項などを抽出したい場合や長文の議事メモから要約をしたい場合にNotion AIを使うことで業務を大幅に効率化してくれます。しかも、ChatGPTとの最大の違いとしてNotionにAI機能が統合されていることでChatGPTのように、質問をするたびにコピー＆ペーストを行うことは不要です。

　また、要約、抽出以前に議事録のフォーマットの作成など、ゼロからNotion AIに作業を依頼することもできます。このような機能を活用することで議事録担当は議事を取ることに集中でき、議事録の要約、タスクの洗い出しなどの作業はNotion AIに任せることができます。その結果、大幅な生産性向上が可能となります。つまり、Notionとその機能であるNotion AIを使用することで業務をスマートかつスピーディーに遂行することが可能です。

　ここまでは文書でNotion AIの活用方法を説明してきました

生成AI（Generative AI）とは、人工知能（AI）の一種であり、主にデータから新しい情報やコンテンツを生成する能力を持つ技術を指します。生成AIは、機械学習の一部である生成モデルを使用して訓練されます。

生成モデルは、与えられた入力データから新しいデータを合成することができるモデルです。これは、与えられたトレーニングデータの特徴やパターンを学習し、それに基づいて新しいデータを生成する能力を持っています。

生成AIの代表的なアプローチには以下のようなものがあります：

1. 敵対的生成ネットワーク（GAN）：GANは、2つの競合的なネットワーク（生成器と識別器）を対戦させることで学習します。生成器は、元のデータと似たようなデータを合成しようとしますが、識別器はそれを本物と区別しようとします。これにより、生成器は徐々により本物に近いデータを生成することを学習します。

2. 変分オートエンコーダー（VAE）：VAEは、データの特徴を捉える潜在空間を学習します。この潜在空間を使って、新しいデータを生成することができます。VAEは、生成と同時にデータの特徴を抽出できるという点で有用です。

3. 教師なし学習モデル：教師なし学習モデルは、ラベル付けされていないデータから学習します。これにより、データの潜在的な構造やパターンを理解し、それに基づいて新しいデータを生成できる場合があります。

生成AIは、多くの応用分野で活用されています。例えば、画像生成、音声合成、テキスト生成、仮想キャラクターの作成、音楽生成、映像合成などがあります。また、クリエイティブな活動やデータ拡張（データセットを増やすために合成データを生成すること）などにも使われています。

図 5-1　Notion でメモした原文

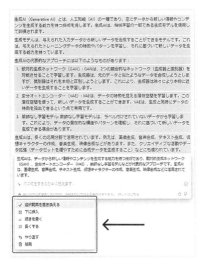

図 5-2　Notion AI によって要約や続きの執筆などが可能

Chapter 5　ノースサンドにおける実践　　　223

生成AIとは、機械学習やディープラーニング技術を用いて、データから新しい情報やデザインを自動的に生成する技術です。例えば、画像生成AIは、与えられた条件に基づいて、新しい画像を生成することができます。また、文章生成AIは、与えられたテキストから、自然な文章を生成することができます。生成AIは、デザインや芸術、音楽など、多くの分野で活用されています。

図 5-3　Notion AI で続きの文章を生成させる

生成AIとは、機械学習やディープラーニング技術を用いて、データから新しい情報やデザインを自動的に生成する技術です。例えば、画像生成AIは、与えられた条件に基づいて、新しい画像を生成することができます。また、文章生成AIは、与えられたテキストから、自然な文章を生成することができます。生成AIは、デザインや芸術、音楽など、多くの分野で活用されています。

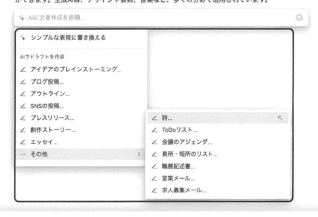

図 5-4　Notion AI で会議のアジェンダなども 0 から作成可能

が、具体的な活用例を、実際の画面を用いながら紹介します。

《Notion AIの活用例１＿マニュアル作成》

　ここでは、Notion AIの翻訳機能を活用することで接客マニュアルを多言語対応にする例です。従来はそれぞれの言語を使える人材が必要であったり、マニュアルから翻訳ツールへ都度データをコピーするなどの作業が必要だったりしましたが、NotionではNotion中ですべての作業を完結できます。

　　一般的な接客のマニュアルは以下のような箇条書きになります。
- お客様を歓迎する
- 挨拶をする
- 丁寧な言葉遣いで話す
- 目を合わせて話す
- 聞き上手である
- 質問に答える
- 誤解を招かないように話す
- お礼を言って、お客様に笑顔で見送ってもらう

　以上が一般的な接客のマニュアルとなります。

図 5-5　Notion AI でマニュアルを自動翻訳も可能

なお、Notion AIのデータが気になられる方がいらっしゃると思いますので先にご紹介します。「倫理」面について、Notionは次のデータ保護を行っています。

Notion AI はデータをどのように使用しますか？

Notion の標準的なデータ保護対策に従い、データは暗号化され非公開の状態となります。

Notion AI は、お客様がデータの共有に同意しない限り、モデルのトレーニングにお客様のデータを使用しません。Notion AI を活用するために使用される情報は、Notion AI 機能を提供することのみを目的として、弊社パートナーと共有されます。

Notion AI に特有の情報については、Notion AI Supplementary Terms（Notion AI 附則）をご参照ください。

https://www.notion.so/product/ai

図5-6 Notion AI のデータ保護方針

ノースサンドのNotion AI

　ノースサンドが2018年にNotionを導入するに至った一番の理由は、社内に存在する「情報の散らばりをなくす」ことでした。

　コンサルティング会社であるノースサンドでは、情報・知識は大事な資産です。業界別の知識やプロジェクトで得た情報、ITの専門知識だけでなく、社員一人一人が得た情報などすべてが仕事に活かされます。これらの情報が散らかってしまうと、欲しい情報を取得するまでに時間がかかり、業務の生産性を低下させる要因になります。もちろん情報の置き場を全員記憶しているのであればまったく問題はありませんが、会社が大きくなり、社員数が増えると社員全員が欲しい情報の在りかにたどり着くことは難しくなります。

　私も前職では、社内ポータルに情報があるかと思っていたら別管理されていたツールに情報があったことや、久々に出張することになり交通費の申請方法を確認しようとしたら、別のサービスで管理されており、ログイン認証を要求されパスワードを忘れてしまっていてパスワードを再発行するといったことがありました。これらはあくまでも個人的な例ですが、多くの組織において同様の事例は頻繁に起こっていると考えます。

「情報の散在」という課題を解決するために、ノースサンドはNotionを導入し、現在はさらにNotion AIを用いて効率化を

図っています。少し長いですがAI活用の実務という観点から詳細を紹介します。

　Notionにはワークスペースという大きな箱があります。その箱が会社のすべての情報の置き場になります。その中にページ単位に情報・知識を整理し切り分けます。たとえば「社員一覧」のページを用意したり、「社内申請系」「新卒研修コンテンツ」といったページを用意したりという風に切り分けます。

　弊社で利用の多いページとして「社員一覧」があります。社員1人1人が個別に自分のプロフィールページを持っており、

ノースサンド会社ポータルデモ

ルール

- ✔ ポリシー
- 🐍 社内規定
- ❗ 制度・福利厚生
- ⚖ ワークフロー申請
- 🏛 オフィス利用ルール

社内システム

- 📇 経費精算
- ☀ 勤怠システム
- ✚ 安否確認システム
- ➤ 情報共有（Notion）
- 💬 コミュニケーション（SLACK）

社内活動

- 📢 全社通達
- 📋 社内イベント
- 🏆 社内表彰

人事

- 👤 社員一覧
- 👥 人事異動
- 🎖 資格取得者一覧

図 5-7　社内ポータルの様子

個人で管理しています。コンサルティング会社は人が資本ですから、その人がどんな経験をしてきてどんな分野に強みがあるのかといった情報は非常に重要です。プロジェクトにアサインする人を選択するときに使えますし、知らない分野について知りたいときに誰にコンタクトをとれば良いのかすぐにわかります。取得資格の情報も用意しており、「資格一覧」ページからどの資格を誰が取得済みかわかります。余談ですがこれをきっかけとして、私も負けずに勉強し資格を取得するというモチベーションが芽生え、仕事とは別の勉強を継続できています。社員の「見える化」がされた結果、自発的にチャレンジするというマインドが醸成されていると思っています。

　またおもしろいことに、一見仕事に関係ないような自己紹介も記載されており、仕事でどんなことができるのかといったこと以外の部分もわかるようになっています。たとえば、「出身地」「あだ名」「趣味」「なりたい姿」など社員はさまざま好きなことを書いています。ノースサンドは社内交流が多い会社ですが、はじめて会った人でもNotionのおかげで話のネタには困りません。趣味や出身地など共有できる話題が先だしされている状態ですから、別のプロジェクトのメンバーのことも知っている状態になり、スムーズにコミュニケーションがとれます。

　実はこれが非常に仕事に活きてきます。自動車業界のプロジェクトにアサインされている人が仕事で困っているときに、

車を趣味としている人がとても深い知識を持っていて仕事が進んだというケースもありました。一方で社員一覧のページをくまなく見るには時間がかかります。この対応として、Notion AIが活きてきます。

　個人のプロフィールにNotion AIの情報欄があり、どんな人なのか要約を記述するようNotion AIに命令を埋め込んでいます。Notion AIがプロフィールを自動で要約してくれ、個人でプロフィールを更新しても、それに合わせて要約も自動更新されます。プロフィールを全部見なくても、AI要約だけ確認すればどんな人なのかが掴めるようになっています。

　またNotion AIの使い方として、ノースサンドだけでなく、多くの他の企業でも議事録の作成が行われています。Notionを使う前は、まず議事録のフォーマットを考え、次に議事メモを取り、議事録を作成し、第三者にレビューを依頼し、修正をしてから全員に共有するという流れが一般的でした。こうやって考えてみると議事録一つを作成するだけでも、多くのステップが必要です。しかし、実際に私たちが手を動かすのは、議事メモを取ることだけです。

　Notion AIを使うことで、議事録の完成度が高くなります。Notion AIは議事録のサマリーも自動で作成してくれます。誤字脱字や文法チェックもNotion AIが行ってくれます。第三者のレビューでも、Notion AIを使わなかった場合よりも差し戻しの回数が削減できています。さらに、会議で話し合った次の

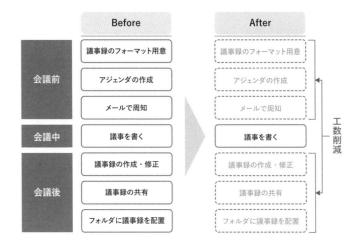

図 5-8　Notion と Notion AI を使った時の議事録作成の工数の削減

アクションやタスクの洗い出しも Notion AI が行ってくれます。
Notion AI を使うことで、議事録作成の時間が大幅に削減され、
次回のアクションがすぐにわかるため、タスクの管理が容易に
なります。そのため、他の業務に時間を割くことができるよう
になります。

　Notion の良さは、議事録などから洗い出したタスクをプロ
ジェクト管理データベースやタスク管理データベースなど他の
データベースと関連付けることができる点です。いつの議事録
で、いつこのタスクが発生したのかを一目で把握できるため、
タスクの担当者や期限も管理しやすくなります。

さらにNotion AIは、フローチャートや関数を組むことも可能です。表現したい内容とどんな表記のチャートにしたいか指示することで、内容に沿った簡単なチャートを作成してくれます。ただし、複雑な関係を表したい場合は一度の指示では求めているアウトプットが作成できないというのも事実です。そのようなときは一度大枠の流れを決めて、NotionAIに依頼し、そこから細かい部分を付け加えていくイメージで使っていきます。

　図5-9は一般的な承認フローをフローチャートで作成を依頼した例です。簡単な一例ですが、0から作るとなると時間がかかるはずです。ここに承認者を追加したい場合に「承認者を追加して、承認段階を増やして」といったような命令をすることによって、図5-10のように承認段階を細かく調整できます。Notion AIに表したい内容と作りたいチャートを指定してみることで先に土台を作り、後は必要に応じて情報を追加して最終的なフローチャートに仕上げていきます。

　最後に、よく使われる方法として文書作成に関する作業があります。今までの私たちの作業をすべてNotion AIに任せるということではなく、ファクトチェックや文章の執筆など人が行う部分をベースにNotion AIがサポートすれば作業をより効率化できます。AIに文章を書かせるというより、校正や文章全体のトーンを整えたり、内容をより詳しく説明したり、より簡

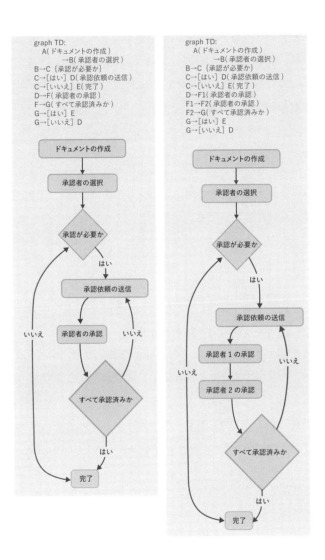

図 5-9（左）　Notion AI によるフローチャート
図 5-10（右）　承認段階を増やしたフローチャート

潔にしたりと文章作成の補助的な活用をしています。次の例1は「コンサルティングに向いている人とは」という内容の文章があった時に、例2はNotion AIを使って詳細に文章を記載するように命令したものです。

例1
コンサルティングに向いている人は、問題解決スキルやコミュニケーションスキルが高く、クライアントのニーズを理解し、適切な解決策を提供する能力がある人です。また、分析力やプロジェクトマネジメントスキルが優れていることも重要です。

例2
コンサルティングに向いている人は、多様な能力をもつ人です。問題解決スキルやコミュニケーションスキルが高いことはもちろん重要ですが、それだけではありません。クライアントのニーズを理解するために、幅広い知識や経験が必要です。また、適切な解決策を提供するためには、クリエイティブな発想力とチームワークスキルが必要です。さらに、分析力やプロジェクトマネジメントスキルが優れていることが求められます。

コンサルティングに携わる人は、常に学習し、自己啓発を続けなければなりません。それにより、常に最新の情報と知識を持ち、クライアントに最適なソリューションを提供できます。

　このように与えられた文章に対して、さらにAIに命令する

とより詳しい文章の作成をしてくれます。「ITコンサルタントと戦略コンサルタントの違いに言及しつつ、各コンサルタントの共通点を教えて」とNotion AIに命令したところ次になりました。

コンサルタントにはいくつかの種類があります。たとえば、ITコンサルタントと戦略コンサルタントが挙げられます。ITコンサルタントは、主に情報技術に関する問題を解決します。一方、戦略コンサルタントは、クライアントのビジネス戦略に関する問題を解決します。しかし、どちらのコンサルタントにとっても、クライアントのニーズを理解し、適切な解決策を提供するために、幅広い知識や経験が必要です。また、分析力やプロジェクトマネジメントスキルが優れていることが求められます。さらに、コミュニケーションスキルやチームワークスキル、クリエイティブな発想力が必要です。

コンサルタントには、常に学習し、自己啓発を続けることが求められます。これにより、最新の情報と知識を持ち、クライアントに最適なソリューションを提供できます。

　ここまで人間が行ったのはNotion AIに作成を依頼しただけで、文章は一切作成していません。Notion AIがここまで作成してくれるだけでも、人間がゼロから文書を作成することと比較すると、大幅に時間を削減してくれるだけでなく、どんな文章を作成すべきなのかという文章そのものの推敲のレベルでも

大きな進歩であると思います。

　Notion AIは他のサービスとは異なり、アプリケーションと
AIが一体化されているため、アプリケーション内のAIを使用
したいあらゆる場所で、AIへ依頼することが可能です。その
ため、シームレスに文章を構成できます。この結果、AIとア
プリケーションを使うためのコピー＆ペーストが不要となりま
す。

　いつでも、どこでもAIを簡単に使うことができるので、作
成する文章の平均レベルを大きく向上できます。これまでは、
文章を作成するためにはGoogleなどで情報を検索しつつ、ア
プリケーションとドキュメントを行ったり来たりしていました
が、Notion AIを利用することで情報収集と資料作成の大幅な
効率化が期待できます。

　Notion AIの活用は始まったばかりですが、使い勝手が非常
に良いため、コンサルタント業務、社内業務にまたたく間に浸
透しました。もちろん、AIに対する不安、未知数な部分はま
だまだたくさんありますが、SaaSアプリケーションの強みを
生かし今後もアップグレードされていくことが期待できますし、
使う側もAIへの依頼方法に対する習熟も進んでいくのでより、
使いやすく、便利なものになることは間違いありません。

《働き方が変わる》

　Notion AIを導入したことで、明らかに働き方が変わりはじめています。具体的には、多くの社員が「最初にNotion AIに相談してみる」という行動に変わってきています。Notion AI導入前の「最初にGoogleで検索してみる」という行動パターンからの変革です。AIは学習データの鮮度の課題があるため、最新の情報収集という点では不向きですが、何か作業を開始する前にいったんAIにたたき台を作ってもらうことや、文章作成などで行き詰ったら、とりあえずAIに書かせてみるということが起こっています。

《まずは無料トライアル》

　ここまでNotion AIの活用状況をご紹介してきましたが、ノースサンドの実際の導入では無料トライアルから始め、本格導入というステップを経ています。当初は多くの社員や経営側もAIの力は理解してはいるものの、導入にはやや慎重な面がありました。無料トライアルを実際に使ってみることで、非常に有用であることが理解され、現在は全社導入に至っています。元々Notion自体が情報活用、共有という面で非常に優れているため、そこにNotion AIを導入することで、Notionの価値自体がより高く評価された結果でもあります。

《使い勝手も重要》

　Notionはユーザーインターフェイス的にNotion AIに命令した結果をコピー＆ペーストせずにそのまま結果を残すことはも

ちろん、同じ依頼を繰り返し行う、やり直しをお願いする、結果を破棄することもできます。この使い勝手の良さもNotion AIを使うという土壌をつくりあげた要因であることは間違いありません。

《プログラムも作れる》
　プログラミングも他の生成AIと同様にNotion AIを通じて行うことができます。次は"Hello World"をJava言語とPython言語でNotion AIに書かせてみたものです。

Python言語で"Hello World"を出力するコードは以下の通りです。
・print ("Hello World!")
Java言語で"Hello World"を出力するコードは以下の通りです。
・public class Main {public static void main (String [] args) {System.out.println("Hello, World!");}}

　簡単な例ですが、たったこれだけのプログラムでも一般的なプログラマーが手打ちで対応するより高速に作成できますし、多くのプログラミング言語に対応できることも特徴です。よくあることですが、サンプルのプログラムをインターネット上で探した場合には期待したプログラミング言語で見つからないということがあります。また、複数のプログラミング言語（たとえば、PythonとJava両方）で表記したいこともあります。

Notion AIに依頼すれば特定の言語でコードを書いてくれます。こういう情報を蓄積していけば、自身の知識も付きますし、Notion上で独自の情報ストックができます。全社でも部署毎でも、チーム、個人単位で情報の共有の制限もできるので、全社展開して会社に貢献することもできますし、個人のメモ帳のような使い方もできます。Notionでは蓄積した情報へのアクセス、共有を個人、チーム、部署、全社などさまざまなレベルでコントロールを行うことが可能ですのでNotion AIを活用し、Notionでどんどん自社内でナレッジを貯めることで、それが今後のプロジェクトのヒントになり同じような問題にあったときに助けになります。

　ここまではノースサンドでのNotion AIの活用に関して書きましたが、AIを使う場合には業種・業界・職種などによって事情は異なります。ノースサンドはコンサルティング企業ですので、日々多くの資料作成やプロジェクト管理を行うためにNotion AIを活用しています。次の項ではコンサルティング企業以外の利用シーンを想定し、Notion AIの活用を考えていきます。

Notion AIの活用事例

　Notion AIを導入している企業が増加するにつれて、他社、他業種ではどのような活用がされているか、徐々にわかっていきましたので、ここでいくつかご紹介します。

《Ｑ＆Ａへの活用》

　一つ目は「Ｑ＆Ａ」にNotion AIを使っている事例です。簡単に説明すると、何か問合せがあったときにNotion AIが自動で回答してくれるという使い方です。Notionの機能であるデータベース機能を使うことで実現しています。Notionのデータベースは、イメージとしてはExcelなどで表現される一般的な行列の表に近いものです。実は列のマスにNotion AIを配置できます。Notion AIに指令を固定で配置させることも可能です。問合せや質問が1列1行目に与えられた場合、その内容に対して回答をするプロンプトを配置しておけば、自動でセルに回答が書き込まれていきます。

　AIの精度的に対外的に使うのはまだ不安がありますが、社内のFAQでは非常に役に立ちそうな活用法です。今後、生成AIに対して何かアップデートがあり命令に対してのアウトプットの精度が上がれば、問合せ対応をすべてAIに任せることも可能になるかもしれません。

　この活用方法はあるエネルギー系の企業での事例ではありますが、その使い方は、どこでも使える汎用性があるものです。

《リサーチへの活用》

　二つ目はメディア制作系のある会社の例です。一見するとノースサンドの利用方法と変わりはありませんが、おもしろい取り組みがありますのでご紹介します。

QAコーナー

ここはお問い合わせに対して、Notion AIが答えを返してくれる場所です。

- 問合せの列に、質問を記入してください。
- タグの列は、質問内容の分類をするために用意されてあります。
- 回答列の質問を記入していただいた行のマスをクリックし、「更新」をクリックしてみてください。

QAコーナー

ここはお問い合わせに対して、Notion AIが答えを返してくれる場所です。

- 問合せの列に、質問を記入してください。
- タグの列は、質問内容の分類をするために用意されてあります。
- 回答列の質問を記入していただいた行のマスをクリックし、「更新」をクリックしてみてください。

QAコーナー

ここはお問い合わせに対して、Notion AIが答えを返してくれる場所です。

- 問合せの列に、質問を記入してください。
- タグの列は、質問内容の分類をするために用意されてあります。
- 回答列の質問を記入していただいた行のマスをクリックし、「更新」をクリックしてみてください。

図 5-11　Notion AI を駆使した Q&A コーナー

何か事実をベースにした物語や特集を作るときに、それに関する基礎的な情報から最近の専門家の見解などを細かくリサーチする必要があります。そのリサーチにNotion AIを活用します。

　ゼロから自分で調べるのは時間と労力を使うので、インターネットに記載されているような情報は最初の段階でAIに任せると効率が良くなります。AIの回答は間違っていることもありますのでファクトチェックはまだ必要ですが、おおむね事実であり、後は足りない情報は自分で取りにいくということができます。ここまでの時間がAIを使うと今までよりぐっと早くなるということです。NotionではシームレスにAIの出力を書き出すことができるので、物語や特集の構想のベースをそのままとめることができることも大きな利点です。

　同時編集が可能なNotionだからこそ、アイデアの発散の場だけでなく、その発散されたアイデアをまとめることもできるため、素早く、シンプルにプロジェクトのメンバーにとって見やすいページが作成できます。このことからクリエイティブな仕事も、Notion AIがしっかりサポートしていることがわかります。

　必要な情報の下調べから、アイデアの発散、ドキュメントの体裁の整理、タスクの洗い出しのみならずほとんどの作業でNotion AIをお供にすることができ、全行程での時短に繋がります。

2 | Notion × AI思考

　ここまでは他社事例の紹介でした。

　ここからはNotion AIが実は役に立ちそうな業界や使い方について
アイデアを3つあげて説明します。

《一つ目：小売業・飲食業》
　ポイントとしては店舗を持ち、接客が必要な業態の企業です。
背景として、日本はますます少子化が進み、働く世代が今より
減少することが挙げられます。そうなると、人材は日本人だけ
でなく外国人の労働者がますます必要になってきます。一方で、
各店舗で一定の接客サービスの質を高い状態に保つのは今後
ますます難しくなるのではないかと思います。さまざまな要因
があるとは思いますが、多言語で記されたマニュアル、ルール、
ポリシーは必須であると考えます。

　Notion AIに限らず、AIは言語の翻訳に関しては非常に正確
に行ってくれますが、Notionでナレッジの管理をする場合は
Notion AIを使うとドキュメント作成から翻訳、完成版の全店
舗展開をスムーズに行うことが可能です。また、店舗ごとに運
用のオペレーションや顧客情報などの情報を溜めることによっ
て各店舗独自にあった情報共有ポータルを作ることもできます。

逆に、外国人従業員から改善案を発信するときにも Notion AI は力になります。

　つまり、言語によるコミュニケーションロスや文章の作成にかかるタイムロスを減らすことができます。さらに活用できそうなこととして、レストランのメニューを日英バージョン以外でも用意したい場合に、とても便利になります。とくに英語だけではカバーできないお客様も取り込むためには、多言語対応が必要です。Notion AIは簡単に多言語翻訳できて、そのままメニューとして外部に公開が可能です。

　少し話を戻すと、Notion AIによるスピーディーな翻訳と文章作成ができることによって、従業員とマネージャー層とのコミュニケーションが活発になることが期待されます。これは実際に口頭で話すコミュニケーションだけではなく、文章でのやり取りも含まれます。そもそも日本語は世界的に習得が難しい言語と言われています。Notion AIがこの言語の壁を打ち壊し、少しでも改善点や要望、業務の報告が増えてくると働きやすさの改善につながることが期待できます。

《2つ目：製造業》
　2つ目に、Notion AIが活用できると予想されるのは、海外に工場を持っている製造業の会社です。こちらも自動翻訳が効果的な使い方としてあげられますが、データ分析や文章作成の際にも大きく貢献できると考えます。

日本の企業は、生産工場を中国または東南アジアにおいているケースが多いかと思います。世界の共通言語は英語ですが、英語が使える人は限られます。工場の生産体制にもよりますが、既存の工程にさらに工程が追加されることや変更されることが急に起こることがあります。

　もし、Notionで生産マニュアルを作成・管理している場合はNotion AIで即座に翻訳版が作成でき、共有できます。従来の日本語が話せる現地の人、または現地語が話せる日本人を雇って通訳兼サブリーダーとして工場のオペレーションをマネジメントするのに比べ、翻訳の品質が十分かという問題はありますが、スピーディーかつフレキシブルに生産体制を切り替えることができます。

　もちろん、実際に現場の監督をする場合に、現地の言葉で、直接口頭でコミュニケーションをとることは非常に重要です。そこに従業員各々がNotionなどの情報共有ポータルを確認することを仕事の習慣化さえしてしまえば、スムーズに情報の共有や確認が可能になります。

　Notion AIの良さは、生成されたコンテンツをスムーズにNotion内のページに追加できることです。一見地味なことかもしれませんが、コピー＆ペーストの必要がないことによる操作性の良さは時短と情報ロスの防止につながります。そして、言語

の壁をなくしコラボレーションを強化するだけでなく、データ分析や文章作成にも Notion AI は活用できます。

　製造業では、取引先、仕入れ先の伝票や納品書、帳票などさまざまなデータを扱います。これらを Notion で管理することによって、ナレッジやノウハウが蓄積されやすくなるだけでなく、ユーザー全員がアクセスできるなど共有も非常に簡単になります。Notion AI はデータの入力のフォーマットを提供してくれるだけでなく、データのサマリーや回答を行うこともできます。これらによって言語の壁を超えた、より生産性の高いコラボレーションが実現可能です。

　Notion という誰もが簡単に使うことができるツール上に、Notion AI があることによって、スピーディーな文章作成や体裁の修正などドキュメントの平均レベルの底上げを行い、すぐに国内外を問わず関係者に共有できる点は優れた強みです。

《3つ目：ソフトウェア開発》
　3つ目は、プログラミング分野です。プログラミングの経験がある方は経験したことがあるかもしれませんが、何かある機能を実装しているときに特定のプログラミング言語での記述法はわかるのに他のプログラミング言語での書き方はわからない時があります。

　Notion AI を含む生成 AI では、命令文の工夫は必要ですが、

プログラミング言語の表現を他のプログラミング言語に書き換えた結果を出力してくれます。極端な例ですが、Python言語ではこうだったのが、C言語だとこういう記述になるといった感じです。

　それだけでなく、エンジニアと非エンジニアのコミュニケーションを円滑にする役割も期待ができます。プログラミング初心者や新卒社員がいち早くプログラミングに慣れるだけでなく、業務のスピードが上がり、わからないことへの今後のアプローチを早めに判断できるようになると思います。

　プログラムのサンプルを、インターネット検索で探し出すことは多いと思いますが、参考になるサイトを探し出すのに時間と気力を使います。あまり一般的でない言語は、情報を探し当てるのが難しい場合があります。

　Notion AIはすぐに答えや参考になるプログラムを提示してくれます。Notion上で個人がプログラミングに関する情報をストックし、備忘録とする使い方やNotionページを外部公開し、他の人の助けになる使い方もできます。

　以上のように教育段階から1人で作業できるようになるまでの期間をNotion AIによって短縮し、そのままプログラミングのサポート役として使用できます。そして、エンジニアと非エンジニアのコミュニケーションの溝を埋めるような使い方もで

きます。なぜなら、AIはプログラミング言語と自然言語の相互の翻訳も可能だからです。

　よくある問題として、エンジニアがユーザーにコードを上手に説明できないことや、反対にユーザーが実現させたいことをプログラミングの知識で語ることが難しいことがあります。

　Notion AIは、「このコードは何をしているのか」や「この機能はコードでどう表現できるか」といった部分の答えやヒントを与えてくれます。言い換えるとプログラミング言語と自然言語の相互の翻訳がNotion AIによって可能になり、エンジニアとユーザーの対話によって生まれた新たな情報をナレッジベースとしてNotionに蓄積することで双方の技術的知識とビジネスの知識を高め、認識の違いを減らすことできます。

　このことからNotion AIは個人のプログラミングの技術力の底上げに留まらず、エンジニアとユーザーとのコミュニケーション課題を解決し、生産性を飛躍させることができるツールになると考えています。

　以上が3つのNotion AIの活用方法でしたが、他にもまだまだ活用できるシーンがあると思います。実際は複雑な要因が絡みあい、想定通りに使えるかといえば難しいかもしれませんが、ノウハウを蓄積していけば長期的には大きな効果を生むと考えます。

ノースサンドが提供するNotionサービス

　今までNotion AIとNotionに関する紹介とお客様事例や今後の利用シーンについて述べてきました。ノースサンドのメイン事業はコンサルティングですが、Notionの世界初の代理店でもあります。現在までに、100社以上の企業へのNotion導入実績を持っており、導入後の継続的なサポートも行っております。

　Notionはノーコード・ローコードのアプリであり、プログラミングに関する知識をお持ちでない方でも簡単に扱うことができます。そしてプロジェクト管理やドキュメント管理、社内ポータルなどさまざまな用途に使うことができます。Notionはあらゆることが実現可能であるがゆえに、Notionを導入することによって何を実現したいのか目的を見失わないことが大切です。

　また、ノーコード・ローコードとはいえテクニカルなサービスが実現できるかは、社員のNotion習熟度に依存します。たとえば、データベース同士を関連付けることや表計算アプリのように関数を組むことは、Notionへの高い習熟が必要になります。私たちは、企業が置かれている状況にあわせ、自分で操作しながら学習できる研修や個人で勉強できるハンズオンコンテンツを用意しています。

　ノースサンドは、Notionを導入して終わりではなく、企業

のNotion熟練度の向上や利活用を促進させるためのサービス
を提供しています。ノースサンドでは、Notionの基本的な操
作からデータベースを使った上級者向けの研修コンテンツやオ
ンラインでの講義形式のコンテンツも設けており、社員一人一
人がNotionを使いこなすまでサポートしています。以降で
は、企業がそもそもどのような課題を持っていて、なぜ最終的
にNotionを選択したのかといった導入事例を2つほど紹介しま
す。

《一つ目：社内で情報が乱立し情報の共有に課題を感じていた
企業》
　一つ目は、社内でさまざまな情報が乱立していて、部署や支
店ごとにナレッジを管理するツールやシステムがバラバラに
なっており、情報の最新化や組織間をまたぐ情報の共有に課題
を感じていた企業の事例です。

　Notionを導入した決め手は、課題の解決だけでなく、スト
レスのないUIやコーディングといったビジネスサイドのユー
ザーでも簡単に使える点でした。Notionを導入した後は課題
が解決され、今では社員自身が自発的にNotionでページを作
り上げるまでになっています。かつては目的別に分かれていた
ツールの大半をNotionに移行した結果、ツール間の行き来が
減り、生産性と品質の向上に繋がったとのことです。

　またプレゼンテーションや報告会でリーダーが積極的にNot

ionを使うことが全社員への啓蒙となり、社員が自発的に情報の共有をすることが増えました。結果、部・課長やリーダーと担当者間のコミュニケーションにおいて、ボトムアップとトップダウンが実現できたとのことです。

　このように、社員個人がNotionを使っていくと個人、チーム、部署、会社という単位でオリジナリティ溢れるその会社独自のナレッジベースを作成でき、課題を解消するだけでなく、社員が主体的にツールを使い詳しくなっていく好循環がうまれました。

《2つ目：組織急拡大に伴い、全社的な情報共有のスペースの導入を検討している企業》
　2つ目の事例では、組織の急拡大に伴い、全社的な情報共有のスペースの導入を急ピッチに進めなければならない企業へのNotion導入です。

　課題は、前述の事例のように、社内の情報ポータルにおいて古い情報や新しい情報が散在している状況を一元管理することでした。しかし、こちらの企業は、組織の急拡大の中、中途社員や業務委託などの人材の流動性が高く、はじめて Notion を使うという社員がほとんどでした。

　その状況を打破するために、ノースサンドは Notion の導入支援だけでなく、アフターサービスとして、「ページ構築支

援」や「非同期学習コンテンツ」、「オンライントレーニング」を行ってきました。これらのサービスにより、元々の課題である情報の集約や検索性が格段に上がりました。さらに、「オンライントレーニング」を実施することによって、社員の Notion を使う平均レベルが上がり、閲覧のみであったのがタスク管理やドキュメント管理を自ら行えるようになりました。「非同期コンテンツ」とは、いつでも学習可能なコンテンツのことです。中途社員やはじめて参画する社員は Notion の使い方を習得することよりも、業務のキャッチアップの方が優先度は高く、いつでも学習可能なコンテンツが必要でした。隙間時間に学習することで自身のペースで学べるだけでなく、上長や他のメンバーの教育にかかるコストを削減することができました。

　以上によって、社員の Notion 習熟度が向上し、自らタスク管理やドキュメント管理を行うことができ、業務効率を向上することを達成しました。

　ノースサンドは、オンラインのNotion操作の研修や自身のタイミングで学習できるコンテンツを用意しています。Notionを使いこなしているのが一部の人のみで、管理も少数で行っている場合に全社としてNotionの熟練度を上げたいといった場合はサポートを受けることができるようになっています。

　現時点でさまざまなAIが出てきていますが、Notion AIを含めAIは仕事をすべて引き受け、100％完璧な答えを出してくれ

るモノではありません。生成AIは仕事をするにあたって、今まで時間のかかっていた情報収集や校閲、体裁の修正、要約や翻訳といった作業を短時間で行ってくれます。

　ドキュメント作成を効率化できるのが、AIの主要な使い方だと思います。とくにNotion AIはNotionを使っているのであれば、シームレスにページに書き起こすことができます。情報共有やナレッジベースはNotionの強みであり、Notion AIはその情報やノウハウを整えてくれます。そして外国語翻訳を行ってくれるので、海外の人への共有もすぐに行うことが可能となります。

　現状では多種多様なAI技術が存在し、それぞれ異なる活用方法がありますが、いずれも既存の業務プロセスを改善し、新たな可能性を切り開く有力なツールです。そのなかでNotion AIを搭載しているNotionは、誰でも操作でき、AIを使ったリサーチや文書作成の効率化、情報共有、ナレッジベースとして非常に有用です。もし、「AIを仕事に活用したい」や「情報を一元管理したい」などがありましたら、ツールの一部としてNotionをご検討していただければ幸いです。

「AI思考」と行動指針「8 Rules」

　ここまで「AI思考」に基づいたノースサンドでのAI活用状況をご紹介してきましたがAIを利用する上では弊社の行動指針である「8 Rules」とは大きな関係があります。

突然、8 Rulesと言われても皆さんには馴染みのない言葉ですので、最初に8 Rulesを簡単にご紹介し、その後、8 RulesとAI思考の関係について説明します。

《ノースサンドの行動指針 8 Rules》
　弊社は、2015年の創業以来、コンサルティングファームの中でも珍しい理念経営を実践し、拡大を続けています。
　弊社には「8 Rules」という、ノースサンドで働くうえでもっとも大事にしている、8つのルールがあります。

スピードで圧倒しよう Surprise with speed	スピードはあらゆるスキルや経験を上回るパワーを持っている。名だたる経営者や成功者がもっとも重視しているポイントにスピードを挙げているのは、その効力がどれほどのものか知っているから。 スピードは、相手の信頼を得るために使われるもっとも手軽で誰にでもできる武器である。「やる・やらない」を考える必要はない、すぐに行動すればよい。メールやSlackを即レスする。スピードは我々のカルチャーだ。周りの人たちがノロノロと仕事をしている間に、猛スピードで横を駆け抜ければ、お客様から絶大な信頼を勝ち取ることができる。
情熱がなければ意味がない No Passion, No Value	目の前の仕事に情熱を持って取り組めているか? 答えがNoであれば、お客様は動かせていない、お客様から信頼されていない。さらには上司からも評価されていない。 納得いく仕事ではないから、やりたいことは他にあるからという言い訳をして、目の前の仕事から逃げているだけである。お客様の立場に立って考えてみて欲しい。自分が雇っているコンサルタントが惰性でやる気なく仕事をしていたらどうだろうか? この人へ仕事の依頼を続けたいと思うだろうか。スキルや経験はないが情熱を持ってがむしゃらに取り組んでいる人に仕事は集まってくる。

⌃⌄ ✓ **想像力と思いやりを持つ** Imagine and care about the others	自己本位な考え方でお客様とのコミュニケーションが一方通行になっていないだろうか？ お客様が何を求めているか、次に何をしようとしているのか、注意深く観察し、想像することで自然と見えてくる。そこに自分は出てこない。ただ単純に相手が求めていることにフィットするように動き、正しい方向へ導いていくのが真のコンサルタント。 思いやりとは、相手に与え続けること。見返りは求めてはいけない。自分の利益ではなく、相手の利益、つまり利他の心を持つことが信頼につながる。
⇒ **迷わずチャレンジしよう** Be the first penguin.	人生は選択の連続である。迷った時はチャレンジしよう。チャレンジすることで失敗を早く経験することができる。失敗を早く多く経験することが成功への近道となる。 正しいチャレンジによる失敗は誰も責めたりはしない。失敗の原因は自分にあると考え、他人のせいにしない。他人のせいにすると真の問題は解決しない。何が問題だったのかを考え、改善し、高速PDCAをフル回転させることが成功につながる。
△ **感謝・尊敬・謙遜** Be grateful	人が何かしてくれたら「ありがとう」という感謝の気持ちを伝えよう。人は自分にない強みを持っているもの。 相手の良い部分を見て、純粋にすごいと思ったら「すごいね」という尊敬の気持ちを伝えよう。 成功した時は自分だけがすごいのではないという謙遜の気持ちを持ち、チームで喜びを分かち合おう。逆に失敗した時は自分に鏡を向けて、自分の何が悪かったのかしっかりと振り返ろう。 自分ひとりでやれることはたかが知れている。感謝・尊敬・謙遜の心で仲間を増やせば、会社全体、日本全体、世界だって動かせるかも知れない。
⫶⫶⫶ **圧倒的な努力で驚かす** Make wow with your effort	世の中には自分には到底かなわないような頭が良い人たちが大勢いる。その人たちにどうやって勝つのか？ 圧倒的な量をこなすしかない。誰よりも早く起きて勉強する、隙間の時間に本を読む、最新知識を得るためのアンテナを張り巡らせる、当たり前のことを圧倒的なエネルギーでやり続ける、そういった努力が頭の良い人たちを驚かすことができる。 圧倒的なエネルギーで行動し続けた人のみ、他者と圧倒的な差をつけることができる。

 論理＊感情で人を動かす Logos, Pathos, Ethos	仕事をしていく上で、論理が正しいことは大前提、論理が間違っていたり、弱かったりするとまったく相手にされない。ただし、相手は人間。どんなに正しい論理で素晴らしい提案をしたとしても、上から目線であれば相手の信頼を得ることはできない。 IQより愛嬌で、「この人のためにやってやるか」と思ってもらうことが必要。相手と飲みにいくのもよし、プライベートで遊ぶのでもよし、その人が嫌がっている仕事を率先してやるのもよし。とにかく共感を得て、「この人なら大丈夫そうだな」「この人に任せたいな」と思ってもらわなければ人を動かすことはできない。
 絆を深めよう Deepen the bond to have better chemistry	自分をさらけ出さなければ絆は生まれない。お互いの身の上話をしたりして、お互いを一人の人間として認め合うことで絆が生まれる。自分の周りにどれだけ深くて濃い絆を築くことができるかが、成功には欠かせない。お客様との絆があれば、それがまた新しいビジネスに繋がる。 圧倒的な努力で頑張り続けた人が絆を深めることができ、現状をより良い方向に進めることができる。プライドを捨て、自分をさらけ出した人にのみ、絆の扉は開く。

　弊社はこのシンプルなルールをただの飾りとするのではなく、泥臭く、素直に徹底している会社と言っても過言ではありません。

　さて、このような行動指針「8 Rules」を持つ弊社では、すでにAIを使って業務を行っています。そして本書のタイトルである「AI思考」に基づいて行動をしていますが、その際にいくつか、配慮が必要になってきます。

　ここで改めて「AI思考の5要素」です。
　①論理的思考

②AIに関する知識・理解

③業界・ビジネスや人間関係等の知識

④適応力

⑤倫理

　企業としては行動指針である「8 Rules」にしたがって行動するわけですが、この行動指針に従う際に「AI思考の5要素」とどんな関係があるでしょうか。

　AIを使うことでコンサルティングファームの重要な要素である「論理的思考」の強化だけでなく「対応スピード」がさらに向上することが期待できますし、実際に強化されています。一方で「AIに関する知識・理解」のために新たなチャレンジ、努力も必要となっています。実際、ノースサンドではAIに関する勉強会や情報交換がリアルとサイバーの両方で行われています。Notion上ではAIに関するページが作成され、チャット上で議論が進んでいます。そして実際のビジネスの世界でAIをどのように活用していくのか？　という点でもNotionを活用しつつ情報を常に集めています。

「適応力」という観点でもAIを活用することで従来以上に幅広い視点を持つことができるようになり、ノースサンド自身も変わる努力をしています。また、AIを活用していく上でもっとも重要な要素と考えている「倫理」もフィロソフィー会という勉強会を通じて強化しています。AIの回答が、人間の倫理

観にあっているとは限りません。AIは論理的ではありますが、人間としての感情を注入することが大切となってきています。

まとめ

　AIに対する期待は何十年も前からあり、何度かブームを経ることで少しずつビジネスの世界に取り込まれてきましたが、残念なことに限られた領域での利用にとどまっていたことは間違いない事実です。しかし、生成AIはこれまでと違うと考えています。従来はエンジニアの領域、限られた領域でしか使用できなかったものが、大きく変わり、いつでも、だれでも生成AIを活用できる環境が用意されています。

　その背景をおさらいすると、次の理由があります。
・インターネットの発展
　いつでも簡単に必要なリソース（AI）にアクセスできる
・巨大な計算機資源
　クラウドサービスを利用することが出来る
・基盤モデル
　事前学習とファインチューニングの仕組み
・サブスクリプション
　クラウド上に基盤モデルをサブスクリプションで提供
　個人、組織でも簡単に必要な分だけの低価格で利用を可能とした

　もちろん、生成AI技術による精度・品質の向上という点も

大きな理由ですが、従来では導入が不可能だった分野でもAI活用の可能性を模索することができるようになったことは大きな変化です。

　今はあらゆるビジネスシーンにおいて「AI活用」を選択肢に入れることが可能となりました。違う表現をするならば「AIファースト」でビジネスを考えることができるということです。これは、ビジネスを行うならば、読み書き、そろばんができることが基本であった時代から、インターネットの時代ではメール、オフィスソフトを使うことが当たり前になったことと同様に、AIを使うことがビジネスの世界では基本となり、読み書きそろばん、メール、オフィスソフトを使うレベルになるということです。

　しかし、AIは万能ではありません。AIは便利であるがゆえに使う側である人間も変わることが必要です。では、どのような考え方が必要か？　というものをまとめたものが、本書のタイトルであり、主題である「AI思考」です。

　ここで改めて、AI思考の5要素です。
　①論理的思考
　②AIに関する知識・理解
　③業界・ビジネスや人間関係等の知識
　④適応力
　⑤倫理

現在の生成AIは完全ではありませんし、人間の感情、表現の微妙なニュアンスまでを理解してくれるものではなく、あくまでITシステムの1つであり、コンピューターです。そのためAIに問いかける際には、人間が論理的であることが必要です。論理的な思考、論理的な表現によって、AIははじめて期待した回答に近い動きをするようになります。

　そして、AIが導き出した回答は必ずしも正解であるとは限りません。生成AIの知識・理解があれば、その回答が正解でない理由はすぐにわかると思います。AIは事前に学習したデータ以上のことは知りません。知らないこと、未来を予言するようなものではなく、知っている情報から推測される答えを回答してくれるものです。つまり、いろいろなことはよく知っているという点では優れていますが、知らないことは知りませんし、誤った知識を与えた場合には誤った回答しか導き出すことができません。一方で一つ言えることは、豊富な知識を忘れないという点です。人間は豊富な知識を持っていても、忘れてしまう、思い出せないことがよくありますが、AIはその点においては人間よりも優秀です。

　なお、学習データを有効に活用できるかはまだまだ発展上の研究レベルであり、AIを開発する企業ではさまざまなモデル、チューニングが行われている状態です。

　AIの回答が必ずしも正しいわけではないということは、AIが導き出した回答を採用する、しないの最終的な判断は従来と

同様に人間であるということです。人間が判断することが必要であるということは、AIを使用するビジネス分野においてはやはり、その人間が専門家であり、業界・ビジネス等の知識を持つことが必要です。AIを使うことで従来と比較にならないくらいのスピードで多くのアウトプットを得ることができるようになりますので、むしろ、これまで以上に専門家であることが必要になってきます。安易な考え、専門性が不足した人・会社から大量の情報が提供されてきた場合には、その真偽を見抜く力、また本当の情報が何であるかを知っておくことが必要になります。

　そして、これらの環境変化、スピードに対する適応力も必要になってきます。AIを使うことでビジネスのスピードは飛躍的に加速することは間違いありません。適応力という観点では、全体を正しく把握、理解することと、AIの力を上手く活用することも必要な要素となります。すべてのことを100％理解、消化した後に行動を開始するのではなく、AIの力、知識を正しく活用することで、全体を把握しつつ、AIに任せる、頼るべきものは頼るという、AIをビジネスパートナーとしてうまく使うことも含めた適応力が必要となります。

　残るテーマはAI利用時の倫理です。今のAIはあくまでもコンピューターであり、事前に学習したデータから、アルゴリズムにより、回答を推論、生成しています。人間のような感情を持っているわけでもありませんし、その場の雰囲気を察知する

こともありません。あくまでも機械的に回答をしているため、その回答・結果は必ずしも、人間が期待した通りとは限りません。

　単に期待した回答でなければ、性能が悪い・品質が悪いで終わりなので、とくに問題にはなりませんが、倫理に違反するレベルの回答となれば話がまったく違います。人の倫理観は国、地域でも変わりますし、会社、業務内容など、その場、その場の状況、環境によっても細かく変化します。

　最近のAIでは倫理の観点で殺人、犯罪に結びつくような世界共通の内容は排除するようになってきましたが、ビジネスの世界に必要な倫理にはまだ程遠いレベルにあります。そしてAIとお客様が直接対話、会話するような場面においては、従来とは比較にならないスピードで情報が拡散されるため、倫理に関わる課題が生じた場合にはできるだけ速やかに対処するようなことも求められてきます。

　改めて「AI思考」を振り返ってみました。読者の皆様はご理解されていると思いますが、今後、ビジネスの世界でAIを使っていくためには、従来にも増して「人間」が重要になってきます。すでに人間中心のAI（HCAI：Human-Centered Artificial Intelligence）という言葉はさまざまな場面で使用されています。HCAIでは人間の能力を機械（AI：人工知能）に置き換えることよりも、機械（AI）を使って人間の能力や体験を向

上させることに焦点を当てたアプローチの方が大切であるとする考え方です。すでに日本政府も「人間中心のAI社会原則」[64]という資料を2019年3月に公開しています。

そしてその人間の重要性を支えるためのポイントとなるものが本書のタイトルでもある「AI思考」であると考えています。

本書を通じて「AI思考」の大切さが伝われば幸いです。

謝辞

　ここまで長らくご覧いただき、ありがとうございました。

　冒頭にも述べましたが、2023年はAIが大きく変化し、私たちの日常生活や仕事に取り入れられた一年となりました。

　振り返ると2022年の年末から2023年の年始にかけて「今後、3〜5年先を変革していくテーマ・技術は何になるだろう。本を手に取ってもらった人たちに、未来がどのように変わっていくかできる限りの根拠のあるデータとともにその基礎を伝え、一緒に考えていける本にしたい」と当時の弊社プロモーション担当の東谷 昴さん、前著でもお世話になったクロスメディア・パブリッシング 執行役員の菅 一行さん、鈴木 愛さんとディスカッションを重ねました。

　ディスカッションの過程で、当時はまだ一部の人が面白がって使っていたChatGPTやStable Diffusionの話になり「これは今後の資料作成の在り方、ビジネスパーソンの仕事の仕方を変えていく」と感じたことで、この本のテーマがAI（特に生成AI）となりました。

　執筆にあたって注意すべき点は、変化の速い、新規のテーマに一人で取り組むことは危険だということです。情報収集や解釈が独りよがりになり、読み手の皆様に価値を届けられないリスクがあるからです。

　そこで社内でもビジネス、技術やNotionに知見が豊富なコ

ンサルタントを集めたのが、今回の執筆陣です。

・和久利 智丈さんには、ITやAIに関する技術・国際的な取り組み状況やビジネスへの適用方法を紹介してもらいました。
　和久利さんには担当領域以外にも、本書全般の執筆／校正を担当していただきました。

・平岩 宗さんには、ビジネスでのAIの利用状況、他社事例を調査し、紹介してもらいました。

・Notionチームの上田 智之さんには、読者の皆様の組織でAI思考およびNotion AIを利用するための具体的な方法について社内事例を紹介してもらいました。
　またNotionチームからは監督として六山 大輝さんにも参加してもらっています。

・本書内の各図について、執筆者毎にテイストが異なっていましたが、デザインチームの山田 陸さんが統一してくれました。

　他、中鋪 拓馬さんにはAIの組織／個人への実装に関する情報を提供してもらいましたし、本のカバーやデザイン、プロモーションは潮屋 香織さんに担当いただきました。

　クロスメディア・パブリッシングの編集の山本豊和さんとは、

毎週の会議にて、本の方向性や内容について客観的なアドバイスをいただき、読者の皆様が分かりにくいような箇所は軌道修正をしていただきました。

　本書の執筆に関する予算・スケジュール・方向性など様々なシーンにおいて、前田 知紘社長と河野 智晃常務にはご支援いただきました。

　そして、私の多くの業務を肩代わりしていただいた八木 達也さんのように、上記のメンバーの周囲で情報交換・ディスカッションや業務などをサポートいただいた方々、またそのご家族のおかげで本書はできあがっています。
　ありがとうございました。

　AIは、今後の私たちにとって切っても切り離せない重要な役割を果たしていきます。
　本書が皆様の未来に、何か少しでもお役に立てれば嬉しいです。

参考文献・引用元

【Chapter1】

[1] ChatGPT
https://chat.openai.com/

[2] Microsoft Bing
https://www.bing.com/

[3] Goole Bard
https://bard.google.com/

[4] Notion
https://www.notion.so/

[5] 日本経済新聞「生成AIスタートアップ繚乱　50分野335社が参入」
https://www.nikkei.com/article/DGXZQOUC2473L0U3A720C2000000/

[6] あすけん
https://www.asken.jp/

[7] 一般社団法人 日本ディープラーニング協会
https://www.jdla.org/

[8] GPT-3 Demo
https://gpt3demo.com/

[9] GPT-4 Demo
https://gpt4demo.com/

[10] perplexity
https://www.perplexity.ai/

[11] James Clear. (2018) Atomic Habits: An Easy & Proven Way to Build Good Habits & Break Bad Ones ISBN-9780735211292

[12] ジェームズ・クリアー (2018)『ジェームズ・クリアー式 複利で伸びる1つの習慣』牛原眞弓訳、パンローリング株式会社 ISBN-9784775942154

[13] 谷岡悟一 (2022)『ストーリーでつかむ！プロジェクトマネジメントの原則』クロスメディア・パブリッシング ISBN-9784295406747

[14] Llama
https://www.llama2.ai/

[15] ハルシネーション(人工知能) - Wikipedia
https://w.wiki/8TRN

[16] マイケル・サンデル (2011)『これからの正義の話をしよう』鬼澤忍訳、早川書房 ISBN-9784150503765

【Chapter2】

[17] On the Opportunities and Risks of Foundation Models
https://arxiv.org/abs/2108.07258

[18] How GPT3 Works - Visualizations and Animations
https://jalammar.github.io/how-gpt3-works-visualizations-animations/

[19] What's in my AI?
https://lifearchitect.ai/whats-in-my-ai/

[20] GPT-4
https://openai.com/research/gpt-4

[21] A holistic framework for evaluating foundation models.
https://crfm.stanford.edu/helm/latest/

[22] 新しい資本主義のグランドデザイン及び実行計画 2023改訂版
https://www.cas.go.jp/jp/seisaku/atarashii_sihonsyugi/pdf/ap2023.pdf

[23] AIと著作権の関係等について
https://www8.cao.go.jp/cstp/ai/ai_team/3kai/shiryo.pdf

[24] AIと著作権
https://www.bunka.go.jp/seisaku/chosakuken/pdf/93903601_01.pdf

[25] Microsoftの責任あるAIの基本原則
https://www.microsoft.com/ja-jp/ai/responsible-ai?activetab=pivot1%3aprimaryr6

[26] Google 責任あるAIへの取り組み
https://cloud.google.com/responsible-ai?hl=ja

[27] Meet Salesforce's Trusted AI Principles
https://blog.salesforceairesearch.com/meet-salesforces-trusted-ai-principles/

[28] Jobs of Tomorrow: Large Language Models and Jobs
https://www.weforum.org/whitepapers/jobs-of-tomorrow-large-language
-models-and-jobs

[29] G7広島サミット
https://www.mofa.go.jp/mofaj/ecm/ec/page4_005920.html

[30] AIに関する暫定的な論点整理
https://www8.cao.go.jp/cstp/ai/ronten_honbun.pdf

[31] 知的財産推進計画2023 〜多様なプレイヤーが世の中の知的財産の利用価値を
最大限に引き出す社会に向けて〜
https://www.kantei.go.jp/jp/singi/titeki2/kettei/chizaikeikaku_kouteihyo
2023.pdf

[32] 生成AIサービスの利用に関する注意喚起等について
（https://www.ppc.go.jp/news/press/2023/230602kouhou/

[33] AI活用によるSociety5.0 for SDGsの実現に向けて
https://www.keidanren.or.jp/policy/2023/041.html

[34] 生成AIの利用ガイドライン
https://www.jdla.org/document/#ai-guideline

[35] Blueprint for an AI Bill of Rights
https://www.whitehouse.gov/ostp/ai-bill-of-rights/

[36] AI Accountability Policy Request for Comment
https://ntia.gov/issues/artificial-intelligence/request-for-comments

[37] Copyright Office Issues Notice of Inquiry on Copyright and Artificial
Intelligence
https://copyright.gov/newsnet/2023/1017.html

[38] Federal Register/Vol.88, No.167
https://www.govinfo.gov/content/pkg/FR-2023-08-30/pdf/2023-18624.pdf

[39] DHS Announces New Policies and Measures Promoting Responsible Use
of Artificial Intelligence
https://www.dhs.gov/news/2023/09/14/dhs-announces-new-policies-and
-measures-promoting-responsible-use-artificial

[40] FACT SHEET:Biden-Harris Administration Secures Voluntary
Commitments from Leading Artificial Intelligence Companies to Manage
the Risks Posed by AI
https://www.whitehouse.gov/briefing-room/statements-releases/
2023/07/21/fact-sheet-biden-harris-administration-secures-voluntary
-commitments-from-leading-artificial-intelligence-companies-to-manage
-the-risks-posed-by-ai/

[41] AI Act: a step closer to the first rules on Artificial Intelligence
https://www.europarl.europa.eu/news/en/press-room/20230505IPR84904/ai-
act-a-step-closer-to-the-first-rules-on-artificial-intelligence?_fsi=iQ6GU8cc&_ga
=2.133279694.1127683979.1696730141-452465875.1696730140&_fsi=iQ6GU8cc

[42] MEPs ready to negotiate first-ever rules for safe and transparent AI
https://www.europarl.europa.eu/news/en/press-room/20230609IPR96212/
meps-ready-to-negotiate-first-ever-rules-for-safe-and-transparent-ai?_ga=
2.133279694.1127683979.1696730141-452465875.1696730140&_fsi=iQ6GU8cc

[43] Amendments adopted by the European Parliament on 14 June 2023 on the
proposal for a regulation of the European Parliament and of the Council on
laying down harmonised rules on artificial intelligence (Artificial Intelligence
Act) and amending certain Union legislative acts
https://www.europarl.europa.eu/doceo/document/TA-9-2023-0236_
EN.html?_fsi=iQ6GU8cc&_ga=2.133279694.1127683979.1696730141-
452465875.1696730140&_fsi=iQ6GU8cc

[44] Regulation (EU) 2016/679 of the European Parliament and of the Council of
27 April 2016 on the protection of natural persons with regard to
the processing of personal data and on the free movement of such data,
and repealing Directive 95/46/EC (General Data Protection Regulation)

(Text with EEA relevance)
https://eur-lex.europa.eu/legal-content/EN/TXT/?uri=uriser
v:OJ.L_.2016.119.01.0001.01.ENG&toc=OJ:L:2016:119:TOC

[45] Ethics Guidelines for Trustworthy AI
https://ec.europa.eu/futurium/en/ai-alliance-consultation/guidelines/1.html

[46] Establishing a pro-innovation approach to regulating AI
https://www.gov.uk/government/publications/establishing-a-pro-innovation
-approach-to-regulating-ai/establishing-a-pro-innovation-approach-to
-regulating-ai-policy-statement

[47] Singapore's Approach to AI Governance
https://www.pdpc.gov.sg/Help-and-Resources/2020/01/Model-AI
-Governance-Framework

[48] Planning for AGI and beyond
https://openai.com/blog/planning-for-agi-and-beyond

[49] Governance of superintelligence
https://openai.com/blog/governance-of-superintelligence

[50] レイ・カーツワイル（2007）『ポスト・ヒューマン誕生』
井上健訳、NHK出版 ISBN-9784140811672

【Chapter3】

[51] DX白書2023
https://www.ipa.go.jp/publish/wp-dx/gmcbt8000000botk-att/000108041.pdf

[52] 生成AI時代のDX推進に必要な人材・スキルの考え方
https://www.meti.go.jp/press/2023/08/20230807001/20230807001-b-1.pdf

[53] デジタルガバナンス・コード2.0
https://www.meti.go.jp/policy/it_policy/investment/dgc/dgc2.pdf

[54]The MNIST database
yann.lecun.com/exdb/mnist/

[55] The CIFAR-10 dataset
https://www.cs.toronto.edu/~kriz/cifar.html

[56] ImageNet
https://www.image-net.org/

[57] Prosci
https://www.prosci.com/

[58] PDCAサイクル - Wikipedia
https://w.wiki/3St5

[59] VUCA - Wikipedia
https://w.wiki/8TT7

[著者略歴]

谷岡悟一（たにおか・ごいち）

株式会社ノースサンドパートナー。ITコンサルタントとしてシステム開発・プロジェクトマネジメントをはじめ、IoTやDX等の各時代の新規テーマのプロジェクトを担当。社内で、3年後、5年後を見据えた各種施策を推進。

和久利智丈（わくり・ともたけ）

株式会社ノースサンドシニアマネージャー。学生時代にUNIX、インターネットに出合い、一貫してIT分野で30年。製造業、証券、スタートアップ、外資企業にてR&D、SE、企画、構築、運用、サポート、セキュリティまで幅広い経験を積みながら現在に至る。

平岩 宗（ひらいわ・しゅう）

株式会社ノースサンドマネージャー。立教大学大学院ビジネスデザイン研究科を総代で卒業し、その後ITコンサルタントとして従事。社内のDDT（デジタルデザインチーム）のリーダーを務め、DX化やAI活用に向けた各種施策を推進。

上田智之（うえだ・ともゆき）

株式会社ノースサンドコンサルタント。大学を卒業後、SI企業に入社し主にネットワークセキュリティのプロジェクトに従事。その後、ITコンサルタントとしてNotionのマーケティング戦略や施策のサポートを推進。

「AI思考」は武器になる

2024年1月1日　　初版発行

著　者　　谷岡悟一／和久利智丈／平岩 宗／上田智之

発行者　　小早川幸一郎

発　行　　株式会社クロスメディア・パブリッシング
〒151-0051 東京都渋谷区千駄ヶ谷4-20-3 東栄神宮外苑ビル
https://www.cm-publishing.co.jp
◎本の内容に関するお問い合わせ先：TEL(03)5413-3140／FAX(03)5413-3141

発　売　　株式会社インプレス
〒101-0051 東京都千代田区神田神保町一丁目105番地
◎乱丁本・落丁本などのお問い合わせ先：FAX(03)6837-5023
service@impress.co.jp
※古書店で購入されたものについてはお取り替えできません

印刷・製本　　株式会社シナノ

©2024 Goichi Tanioka,Tomotake Wakuri,Shu Hiraiwa,Tomoyuki Ueda, Printed in japan
ISBN978-4-295-40917-5　C2034